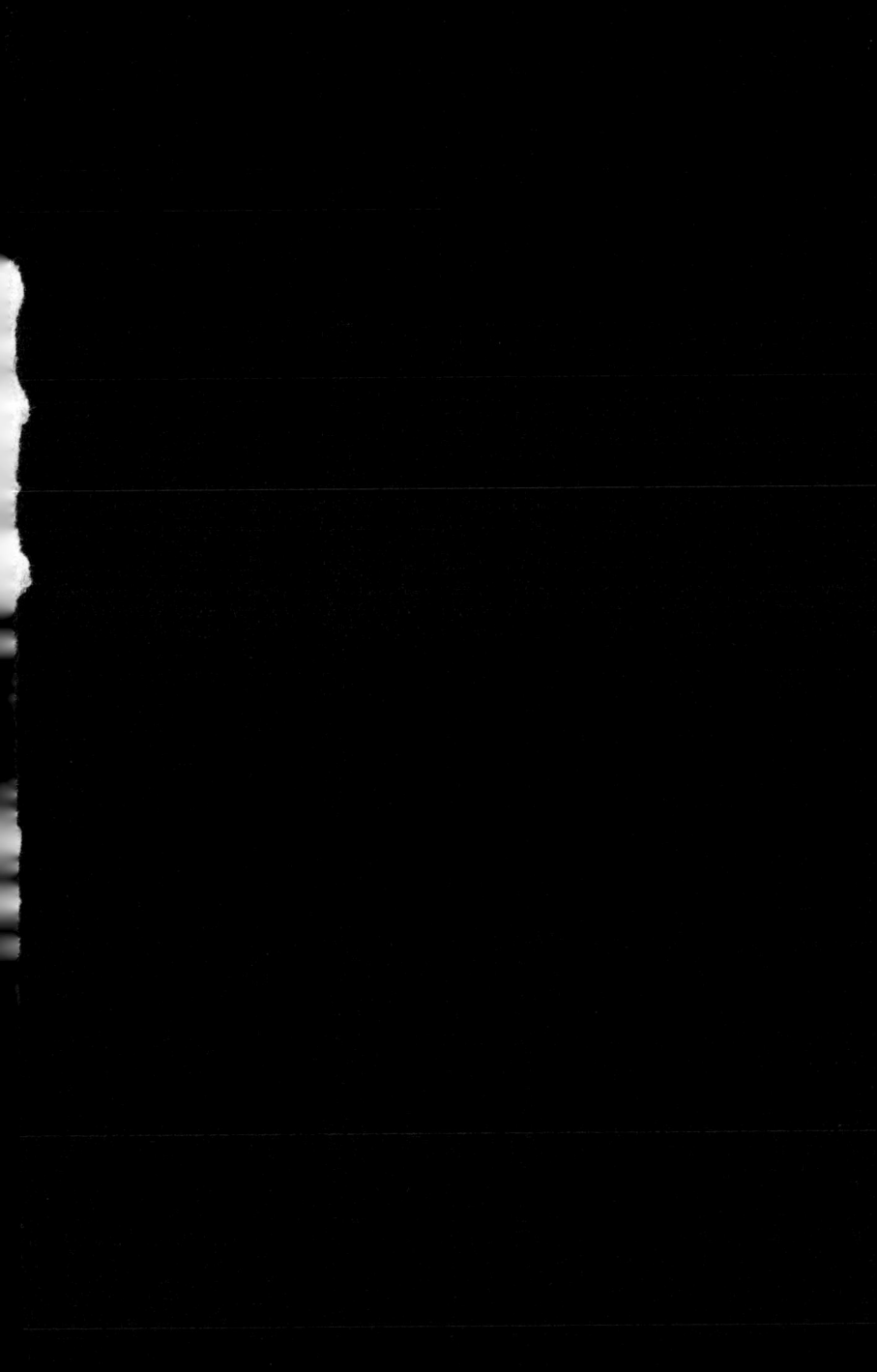

宇宙一危険な発狂中国

この巨大怪獣を
肥育してきたのは誰だ！

太田龍

守屋汎◎編

SEIKO SHOBO

［もくじ］宇宙一危険な発狂中国

［第二章］中国は全世界を道連れに自爆崩壊《テロ》

［第二章］猛毒「食人中国」を超克する縄文・原日本

［第四章］

「食人中国」の発狂を使嗾《しそう》する悪魔崇拝教の西洋ユダヤ

［第五章］
共産中国解体から始まる「宇宙一」の「発狂中国」

[終章] 中国を発狂させてたまるか

[編者解説] 守屋 汎

［装幀］フロッグキングスタジオ
［著者写真撮影］中村龍生
［図版制作］ホープカンパニー

［編者のことば］　守屋汎

十八年前から太田龍は獅子吼《ししく》

――地球最後の「発狂世界帝国」中国を止揚するのは「縄文」日本

宇宙一危険な「発狂中国」。こんな異常な巨大怪獣をあえて日本のお隣に配して飼育してきたのは誰なのか？　また、それはなぜなのか？

さすが、我が太田龍は炯眼《けいがん》である。「発狂中国」は「宇宙一」危険と喝破した。

それを執筆したのは平成三年から、四年の時点である（月刊「自然食ニュース」誌）。当時は中国が世界一の覇権国になろうなんて誰も予測してはいなかった。それが十八年後の今日（平成二十二年）、中国は、リーマン・ショック後アメリカを始め先進諸国が青息吐息、経済苦境に陥っている最中、一人勝ちの我が世の春を謳歌し、鼻息は荒い。北京オリンピック（「民族の祭典」ヒトラーも目を剥くド派手な開幕式）でも、冬季オリンピックでも、メダル独占常連のアメリカを脅かすほどの金銀銅のメダルを大量獲得した。

ＧＤＰ（国内総生産）の実質成長率は世界一の一一・九％を誇り、外貨準備高でも、貿易黒字も、アメリカ国債保有も日本を抜いて世界一。毒ギョウザ事件など屁でもない。日本人麻薬事犯は躊躇《ちゅうちょ》なくソッコーで死刑執行。大量の死者・負傷者・被災者を出した四川省に続き青海省の大地震ものかわ、上海万博に向けてたくましく沸きかえって驀進中である。建築ラッシュでもあり、地価も高騰中。莫大な人口を抱えるが故の世界一の超巨大市場である。各国の政府・企業・金融投機筋も中国のご機嫌を損ねるわけにはいかない。顔色を窺《うかが》わざるを得ないのだ。安く使える優秀な生産労働者もバカにならない。日本を含めた先進国の企業は、中国奥深くまでも、憑かれたようにして進出している。背に腹は代えられないのである。

裏経済も活気に満ちている。金儲けのためなら何でもありである。神経質に著作権なんていちいち気にしてられない。偽ブランドであろうが、贋作でもいいものはいい、安ければいいのだ。儲けさえすればいい。環境に対する配慮なんてまだるっこしいことはやってられない。効率さえよければ化学肥料でも農薬でも、遺伝子組み換え作物でも何でもござれだ。大気汚染、公害は垂れ流し。西風に乗って日本列島に飛んで行こうが、海流に乗って漂着しようがまさしくどこ吹く風である。

人権問題（チベット、東トルキスタン、ウイグル）、領土・資源問題（尖閣列島）も含めて近隣諸国（台湾も）との摩擦も傲岸不遜《ごうがんふそん》、傍若無人である。いざとなったら大量破壊兵器の核弾道百六十八発（アメリカ、ロシア、フランスについで世界四位の保有数）を擁して世界最強の闘志を持った人民解放軍がある。最強といえば、最狂、最凶かもしれない。常軌を逸した文化大革命の紅衛兵やカンボジアのポル・ポトの暴挙・虐殺、天安門事件や法輪功信者への残酷な拷問・弾圧を想起せよ。

さて、太田龍の中国を分析する視点である。あさましき媚米保守論客の低レベルで通俗的な反中国観とは雲泥の差がある。そもそもアメリカの正体を、この連中はまるで分かっていない。アメリカ様は資本主義の牙城、親分だから、その可愛い子分・日本を危険な中国から守ってくれるのだと能天気に妄信している。だから親分に媚《こ》びて中国のほんとうの恐ろしさの本質を認識せずゴシップ程度の悪口を告げ口しているに過ぎない。

もう誰でも知るようになっているが、アメリカは、世界一（宇宙一ではない）大量破壊兵器を保持する卑劣で凶悪なテロ国家である。僅か六十五年前を忘れたか？

人類史上最も残虐な大量破壊兵器である原爆を平然と広島・長崎の上空で炸裂させ、何十万人もの非戦闘員を殺戮したのではないか。さらには、ベトナム、アフガニスタン、イラクで、武装もしていない女、子供、老人たちを狂ったように殺しまくってきたし、今日もその悪行の限りを尽くしている。こんな連中が、命がけで日本を守ってくれる？　冗談もいい加減にしろ、である。日米安保条約は断じて日本を守るためには存在していないのだ。日本から何がしかの金を巻き上げるためにだけ存在する。さらには、日本と宇宙一危険な「発狂中国」を争わせたいのである。狙いは、日本国家と日本国民の地球上からの抹殺である。

アメリカを牛耳《ぎゅうじ》る親分も、中国を操る極悪な存在も、紛れもなくロンドン・シティとニューヨーク・ウォール街に巣食う国際金融寡頭権力なのである。世界一大量破壊兵器を保持する卑劣で凶悪なテロ国家であるアメリカと、宇宙一危険な「発狂中国」という異常な巨大怪獣を飼育してきたのは、ロンドン・シティとニューヨーク・ウォール街に巣食う国際金融寡頭権力だ。盟主ロスチャイルドとその番頭職のロックフェラー、その一味たちのことである。

そのへんのことは、ちょっと気の利いた本ならごく常識的に触れているが、本書の凄みは、なぜ中国が、野蛮極まりないアメリカや西欧をさしおいて、なぜ、世界どころか宇宙一とまで、その名を轟《とどろ》かす発狂ぶりなのか、を詳しく論及していることである。さらには、極めて困難ではあるが、その処方箋が日本国家と日本人に秘匿され、そうすべき使命を有史以来担わされていると、示唆していることだ。

まさに今日の時点で、宇宙一危険な「発狂中国」にすべく、太古から、虎視眈々《こしたんたん》と国際金融寡頭権力のさらに奥にいる魔物たちが用意してきたことが、本書を読めば、なるほどと合点がいく。

凶悪なユダヤ教、バチカン、フリーメイソン、イルミナティ、共産主義、金さえ儲ければ、動植物天然自然宇宙なんて知ったこっちゃない主義、自分たちエリート人類だけ豊かに暮らせればよし、そのためには大多数の人間は死んでもらわなければならない主義など、ありとあらゆる悪と猛毒を、凝縮してぎゅっと詰め込んでいるのが、今の中国なのである。そうすべく時代を〝進歩〟させてきたユダヤ欧米イルミナティが、ソビエト、ナチス・ドイツと試行実験を重ね、失敗し、未だなし得なかった夢（真っ当な人間からすれば悪夢だが）をついに実現させ得る人工国家が、今の中国なのである。もし、文字どおりこんな発狂国家が完成したら、その悪影響は、計り知れない。地球レベルにはとどまらないのである。銀河宇宙の存立にも関わるのだ。

　地球最後の発狂世界帝国が共産党独裁の中国なのだ。最後ということは、中国もまた、遅かれ早かれ処分抹消されるのだ。魔物は、別に国にこだわっているわけではない。地球全体を一つの国にしたいのだ。新世界秩序のワンワールドに。世界人間牧場に全ての人類を追い立てるのである。ジョージ・オーウェル『１９８４』のビッグ・ブラザーの「オール・シーイング・アイ」の眼におびえながら暮らす「家畜人ヤプー」が日本人だ。今まで、発狂世界帝国をどこにするか、色々試行錯誤してきた。いや、錯誤でないのかもしれない。それも想定内のことかも知れないのだが、手始めがローマ帝国、そしてアレクサンダーときて、ジンギスカン帝国、大航海時代のスペイン・ポルトガル、大英帝国を経て、ナチスの第三帝国、ご存知「悪の帝国」ソ連、アメリカ。いずれも立ち上がりから手助けをして、後にぶっ壊すのが魔物の常套手段だ。今、アメリカ処分を鋭意続行中で、中国に取り憑いている真っ最中が、正直な今日の世界情勢だ。そして、仕上げのワンワールドに至らしめんと画策している。

　こんな風に極めてスケールの大きな時空の枠組みで捉えて中国の危険性を指摘したのは、我が太田龍をおいて誰もなし得ていない。

　それのみならず、太田龍は、なぜ日本がそんなおどろおどろしく恐ろしい「発狂中国」を寸止めにできる力を秘めさせているのかについて明快に論じていてくれるのである。

確かに大陸中国に比べ日本は、東洋のはずれのちっぽけな列島国だ。中国は、面積は九五九六万平方キロメートル（ロシア、カナダについで世界第三位）、日本（三七万平方キロメートル）のなんと二五九倍である。人口は、ダントツの世界一位（約十二億人のインドが二位、ずっと下がって三位が三億人のアメリカ）、日本の一〇倍以上の十三億人。購買力平価（ＰＰＰ）ベースのＧＤＰ七・九一兆ドルはアメリカ（一四・二五兆ドル）に次いで第二位である。三位の日本は、四・三五兆ドル（二〇〇八年ＩＭＦリスト）。しかもゴールドマン・サックスの経済予測によれば、なんと二〇五〇年のＧＤＰランキングは、中国がダントツ一位で七〇・七一兆ドル、二位アメリカが三八・五一兆ドル、日本はぐっと下がって六・六兆ドルで八位なそうな。

にもかかわらず、日本は、太古から中華帝国に飲み込まれず（危ういことはあったが）、邪悪なユダヤ金融資本のバックアップはあったにせよ、日清戦争、日支事変にも勝利し、満州帝国を樹立、中華帝国のお株を奪って大東亜共栄圏の野望を抱くまでに至った。

「発狂中国」を生み出し肥育した出自不明の魔物の正体を、どうやら「神国日本」の核となった霊知情意のバランスの取れた清明清新な縄文人たちは知悉《ちしつ》し、さらにはその調伏法をも、天空からの並々ならぬ叡智と、大地から湧き上がるエネルギーから得ていたようである。それを縄文人たちは、記号論的に黙示録として縄文土器に残したのである。勘が鋭いユダヤ人たちは、縄文土器を目にすると驚愕《きょうがく》する。そして、敢えて見当違いの感激・感動・絶賛の言葉を口にする。それを、現代欲ぼけ日本人、生きることだけで精一杯の庶民たちは、すっかり忘却の彼方にしている。しかし、「縄文天皇」を戴く日本人の潜在意識とDNAにはしっかり刻み込まれているのだ。太田龍は、必死の思いでぎりぎりまで、命ある限り日本人の魂を揺さぶり続けてきた。そして肉体的生命は尽きた。

本書は、月刊「自然食ニュース」誌に連載された「たべもの学」第四部（平成三年三月～四年十一月）をまとめた『中国食人史――チャイニーズ・カニバリズム』（雷韻出版、平成十五年九月刊、絶版）を基としている。それから七年の歳月が流れた。本書では、『中国食人史』の本文は、字句の若干の誤植訂正はほどこしたが、そのまま生かした。古今東西に見られぬ稀有な卓越した太田龍思想が、読み手の心魂にストンと響くよう、適宜適切な数多くの小見出しをつけ、章割りを改め、参考写真を配し、各章トップにその章のエッセンスのリードを付けるなど新たに編集し直した。トキメキつつ読み進められたい。

奇しくも新装なった本書は、著者太田龍一周忌に上梓される。虎は死して皮を残し、龍《ドラゴン》は人類に、万巻の書を紐解いても得られぬ珠玉の天寿学思想（家畜制度全廃論）を残す。深謝とともに熱い思いで冥福を祈る。

（文中敬称略）

平成二十二年五月十九日

編者　守屋　汎

龍《ドラゴン》の金字塔は不滅

78 78歳（2009＝平成21年）５月19日逝去まで、明治維新の闇、縄文・天皇の起源関連の著作を多数上梓。ジョン・コールマン博士、ユースタス・マリンズ、フリッツ・スプリングマイヤー、マイケル・コリンズ・パイパー、W・クレオン・スクーセン、ウィリアム・G・カー、アレクサンドラ・ロビンズ、アンドリュー・ヒッチコック、ウェブスター・タープレイ、ラミロ・レイナガ等の著書を翻訳、プロデュース。また、デーヴィッド・アイクを二度にわたって招聘、超満員の講演会を催す。

68 68歳（1998＝平成10年）、「週刊日本新聞ホームページ」を開設。コラム「時事寸評」は2009年５月５日の第2742回まで１日も休載することなく執筆された。

67 67歳（1997＝平成９年）、９月「週刊日本新聞」を創刊、編輯主幹として健筆を揮う。

66 66歳（1996＝平成８年）、デーヴィッド・アイクの存在（『…そして真理があなたを自由にする』）を知る。

64 64歳（1994＝平成６年）、ジョン・コールマン博士の画期的な陰謀暴露本『三百人委員会』を翻訳出版。初めて、世界の政財界文化医療などの著名組織、重要人物の邪悪な陰謀が具体的に白日の下にさらけ出された。

61 61歳（1991＝平成３年）、本書の基となる連載「たべもの学」を月刊「自然食ニュース」誌に寄稿。「宇宙戦略放送」「ユダヤ研究ニュース」で時局を論じ始める。

60 60歳（1990＝平成２年）、ユダヤ・イルミナティのあらゆる陰謀本を収集、集中的に読破、研究・思索を重ね、解説、翻訳、執筆、講演、出版プロデュースに獅子奮迅の働き。

56 51歳（1980＝昭55年）、ＵＦＯ理論・マイナスの科学の坂元邁との出会い。日本みどりの党を結成。1986年の参院選に日本みどりの連合公認で比例区から出馬するが落選。1987年の東京都知事選にも日本みどりの連合から立候補したが落選。1990年の総選挙には地球維新党を率いて東京１区から立候補するも落選。

42 42歳（1972＝昭和47年）～46歳（1976＝昭和51年）、「アイヌ革命論」を提唱、世界革命浪人（ゲバリスタ）。

17 17歳（1947＝昭和22年）～41歳（1971＝昭和46年）、「世界革命」運動の最先端渦中に身を置く（日本共産党→革共同→トロツキー派）。

15 15歳（1945＝昭和20年）、敗戦後、日本青年共産主義者同盟入会。

0 0歳　世界大恐慌の真っただ中の1930年（昭和５）年８月16日、樺太豊原町で生まれる。

龍《ドラゴン》は歴史の闇の扉の鍵穴《前方後円墳》をあける錠前師！

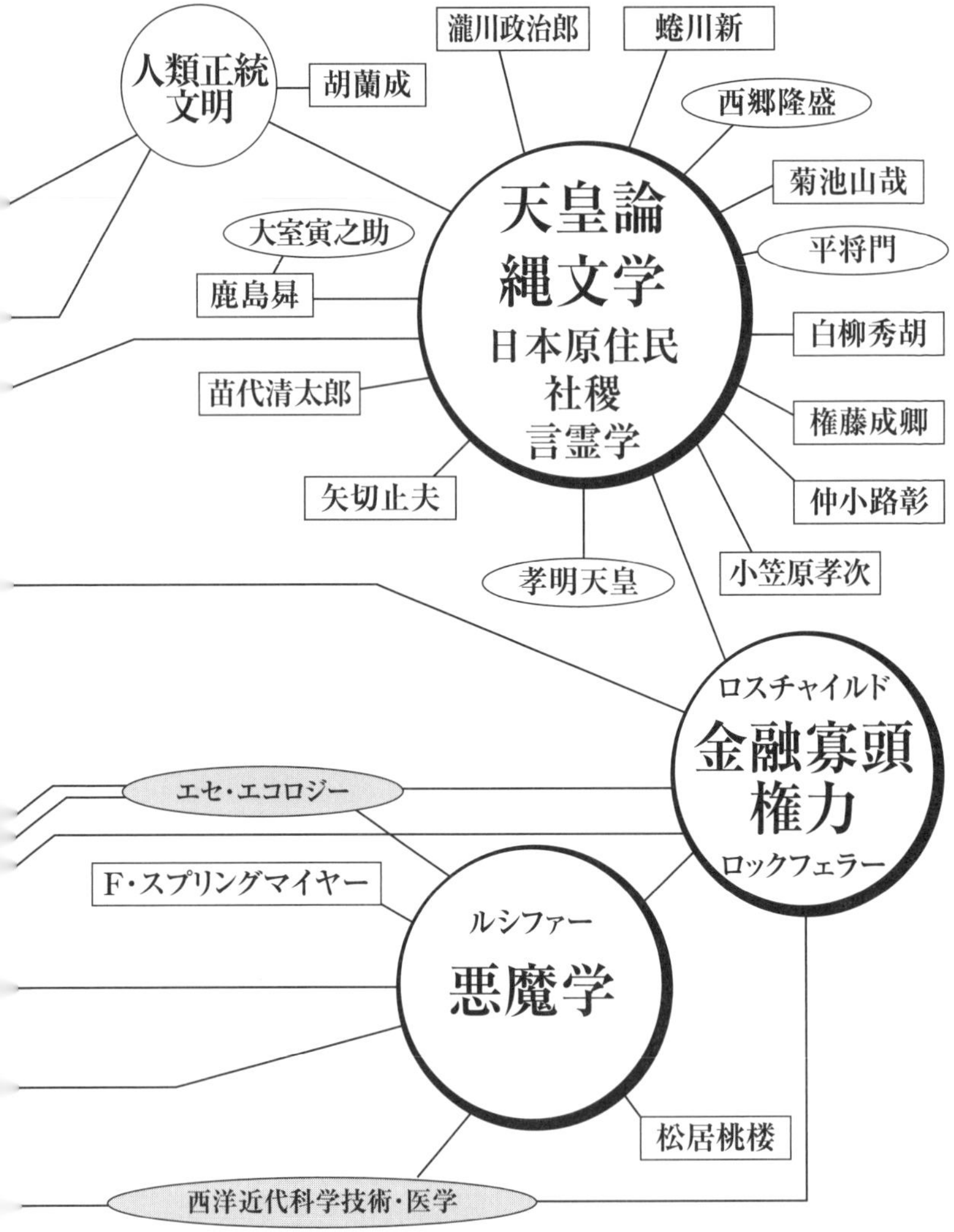

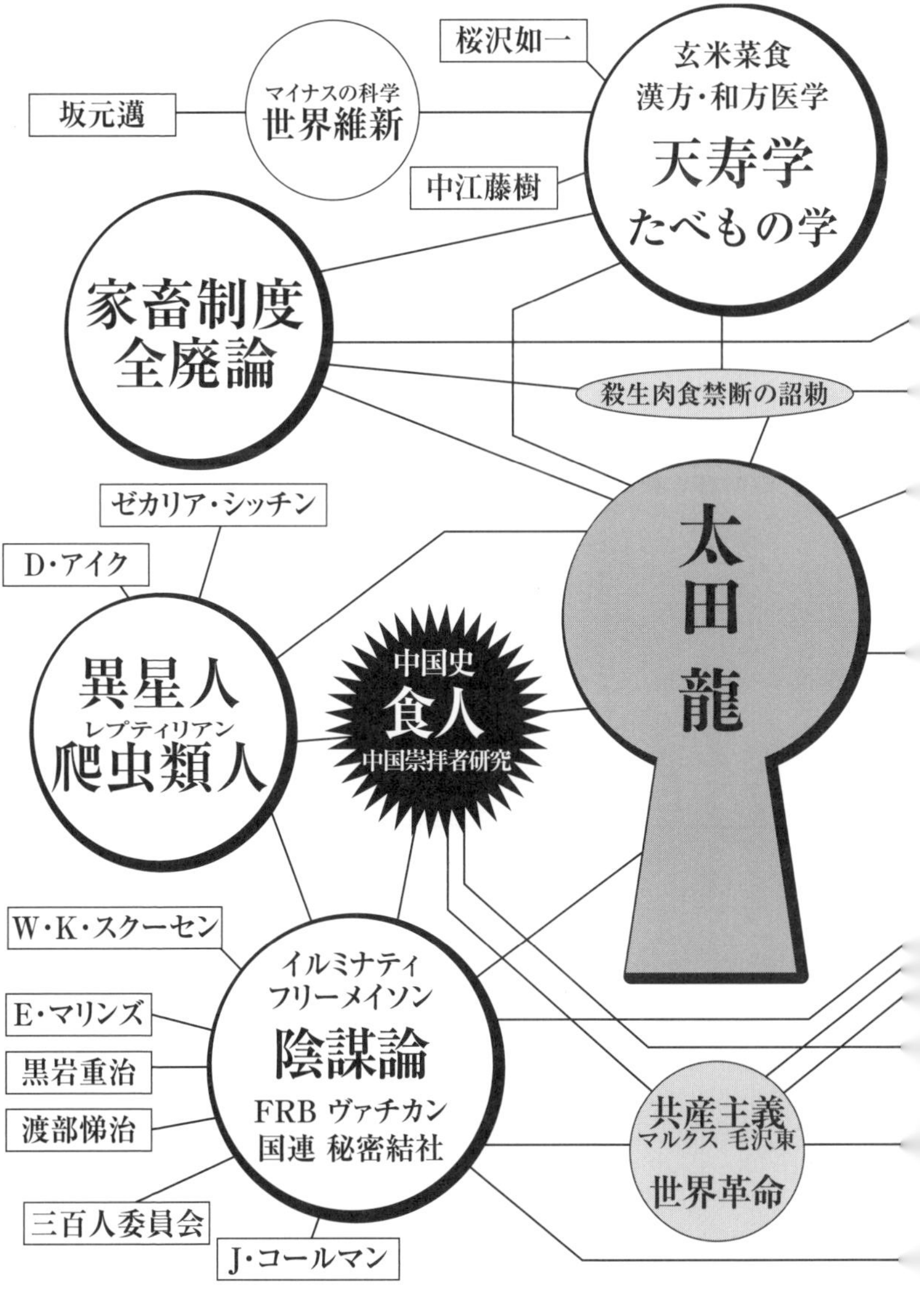
桜沢如一
玄米菜食
漢方・和方医学
天寿学
たべもの学
坂元邁
マイナスの科学
世界維新
中江藤樹
家畜制度
全廃論
殺生肉食禁断の詔勅
ゼカリア・シッチン
D・アイク
太田龍
異星人
爬虫類人《レプティリアン》
中国史
食人
中国崇拝者研究
W・K・スクーセン
イルミナティ
フリーメイソン
陰謀論
FRB ヴァチカン
国連 秘密結社
E・マリンズ
黒岩重治
渡部悌治
三百人委員会
J・コールマン
共産主義
マルクス 毛沢東
世界革命

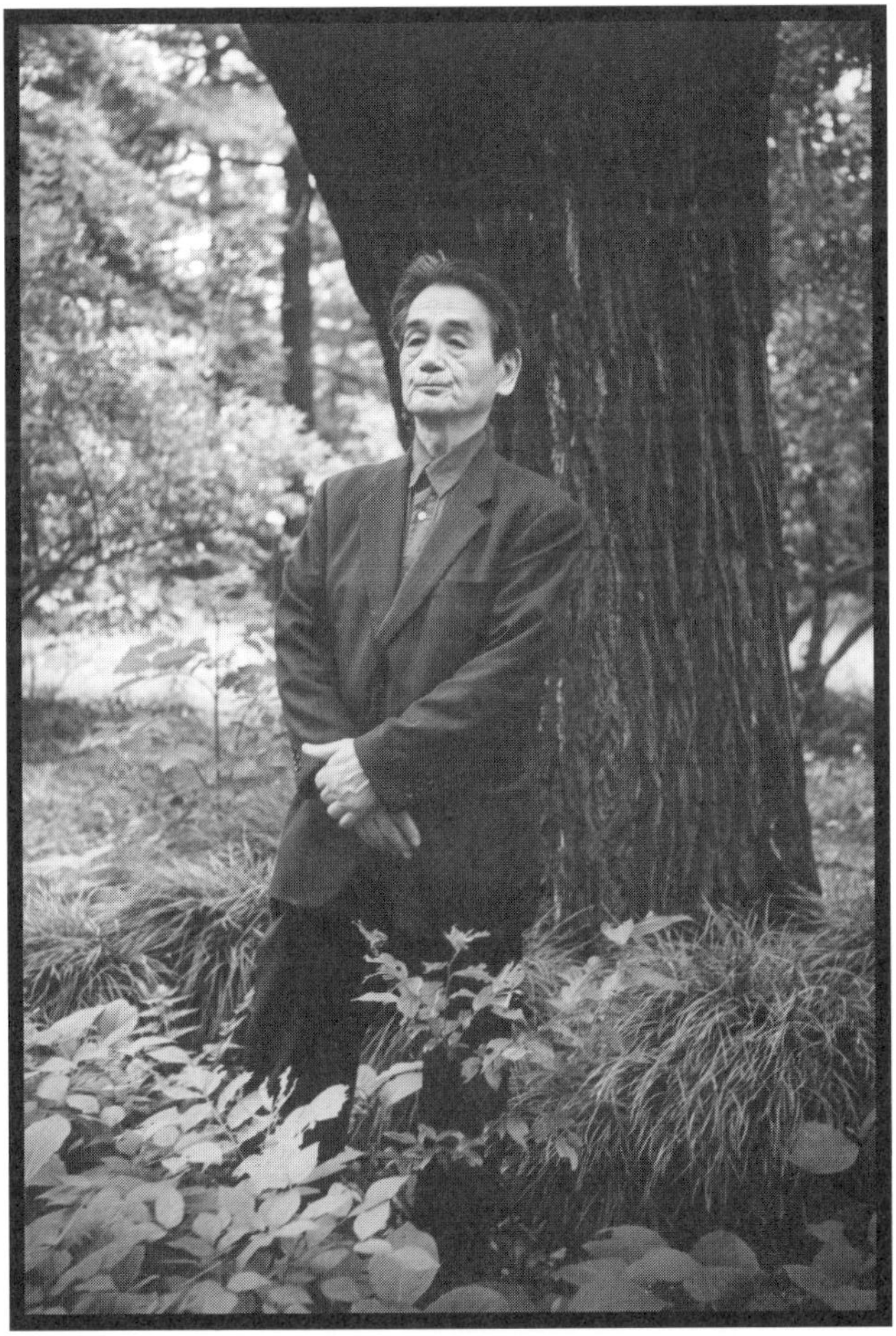

太田龍（1930-2009）

宇宙一危険な発狂中国

［はじめに］太田龍

中国「正史」に堂々と詳述されている食人の風習と制度

本書ではまず、「中国における食人（つまり、人間の食料として、人間の肉を食べる）の歴史」を述べています。非常事態に、ごくまれな、例外的な現象として発生する食人（人間が人間を食う）を問題にしているわけではない。中国では、二千年ないし三千年もの昔から、西暦一九一二年の辛亥《しんがい》革命によって清朝が滅びるまで、食人が公然たる一つの社会制度として存在し続けたという。こっそりやるわけでもないし、隠しているわけでもない。中国の「正史」に、堂々と記載されているのです。

にもかかわらず、この史実は、在日台湾人の著述家、黄文雄《こうぶんゆう》氏が著書『呪われた中国人』の中でかなり詳細に記述し、暴露するまで、まったく日本人に広く知らされることはなかったのです。黄文雄氏の問題の著作が世に出たあとでさえ、中国の食人の歴史を見ないことにする、または、なかったことにする、日本人の悪癖は、ほとんど、何一つ変わらない。

日本民族の対中国文明観に、きわめて深刻な、そしてある意味では危険な欠陥があると、考えないわけにいかない。そしてこの欠陥は、対中国のみでない。インドに対しても、西洋に対しても、イスラムに対しても、そして最後に、ユダヤ、ヘブライ、イスラエルなどと呼ばれる人間集団に対しても、何か日本人には、自分では自覚できない、救いがたい甘さ、あるいは幼稚さがあるようなのです。

独善性、ひとり合点。蟹は自分の甲羅に合わせて穴を掘る、という。島国根性とも言われる。日本列島の中での自分たちの生活体験を固定させる。それを絶対的基準として他国他民族を判断する、その愚かさを、愚かと、悟ることが出来ない。

食人の風習と制度を直視しない仏教が、日本文明固有の論理形成を妨害した

汪兆銘《おうちょうめい》政権の閣僚の一人、そして中共政権樹立後、日本に政治亡命した胡蘭成《こらんせい》(一九〇六～一九八一年)という中国の思想家は、日本民族は、一つの立派な文明を生み出したが、その文明は、情緒の段階にあって、日本型文明としての独自の論理と制度を作り出し得ていない(『日本及び日本人に寄せる』、『天と人との際《きわ》』など)と批評されました。これは、日本人の痛いところを突いています。

胡蘭成説によると、仏教が日本文明固有の論理形成を妨害した、という。この指摘はその通りでしょう。推古朝からこの方、足利幕府期に至るまで、仏教学僧が日本人の中国研究と漢籍学問をほぼ独占しているのですが、彼らには、中国史に堂々と詳述されている食人の風習と制度が目に入らない。日本仏教の見識のなさ、智恵の欠如、その精神の劣弱ぶりがどうしようもなく暴露されてしまう。

人が人を食うとは異常も異常。そんなことが中国固有の「文化」とは、一体、何ですか。これまで、日本の学者がこの問題を取り上げたことは絶無ではないものの、いずれも、断片的で尻切れトンボ。

そこに露呈している中国史三千年の本質を正面から分析し、解明する著述としては、拙著が、けだし、日本史上、最初でしょう。

人類の食性を宇宙の食律に即したものへと立て直さなければならない

本書の初出は、「たべもの学」シリーズの第四部として、月刊「自然食ニュース」誌(平成三年三月～平成四年十一月)に連載されたものです。「たべもの学」は以下の順で連載されました。

第一部　「たべもの学入門」(昭和六十年～昭和六十一年)
第二部　肉食は地球を滅ぼす(昭和六十二年～昭和六十三年)
第三部　天然農法(昭和六十四年～平成三年)
第四部　中国食人史(平成三年～平成四年)
第五部　麻薬——悪魔のくすり(平成五年～平成六年)
第六部　「食コントロール」は我々をどこへ導くか?——天寿学の解答(平成六年～平成八年)
第七部　日本型食文明(平成八年～平成十年)

第八部　日本の復活（平成十年〜平成十二年）
第九部　和食が世界を救う（平成十二年〜平成十四年）
第十部　殺生肉食禁断令《せっしょうにくしょくきんだんれい》（平成十四年〜連載中）

筆者が展開しているような天寿学文明の入り口としての「たべもの学」、という学問は、西洋には存在しない。したがって、西洋・ユダヤ・フリーメイソン・イルミナティの悪魔主義的イデオロギーに乗っ取られた、幕末明治初年後の極悪な売国奴で学問奴隷の巣窟《そうくつ》、日本のアカデミズム、大学などに、「たべもの学」講座が入り込む余地はなく、「たべもの学」教授なども、存在することはない。その代わりに、「カロリー計算」を事とする「栄養学」なるものが大きな顔をしてのさばっています。

筆者は、昭和五十四年一月、玄米菜食食養法を実践し始めました。そのあとの軌跡については拙著『いのちの革命』（現代書館、昭和五十五年）、『性の革命』（現代書館、昭和五十六年）、『日本の食革命家たち』（柴田書店、昭和五十八年）、『家畜制度全廃論序説』（新泉社、昭和六十年）などに詳しい。

「たべもの学入門」の主たる論旨は次の五点です。

①全ての生物は、宇宙の食律に即して、生きている。

②ところが、人類は、肉食によって宇宙の食律に違反する道に迷い込み、

③とりわけ、食用家畜の飼育に固執することによって、宇宙食律違反は、人類自滅人類滅亡の決定的要因に肥大化した。
④人類の食性を宇宙の食律に即したものへと立て直さなければならない。
⑤「たべもの学」は、そのための学問である。

平成十五年九月一日記

太田 龍

［第一章］

「食人」が中国を発狂させた

肉食・雑食動物の「共食い」の生態を考察し、異常事態で人が人を食わざるを得なかったルーツを探る。ならば、人肉を食するのは、人類の宿命？　原始共産社会は「失楽園」を必然としていたのか？　日本のお手本の国、中国が人肉を食らい、人民を虫ケラのように扱ってきたのとどう違うのか？　中国歴代政権が黄河を殺してきたことが、その解明のヒントになるのか？

天然自然のシステムとしての共食いは邪道とも言えないが……

動物にとっての「たべもの」の、究極の悲劇あるいは邪道は、共食いである、という命題は成り立つでしょうか？　動物学の知見の示すところによると、必ずしも、そうは言えないようです。ある種の「かまきり」のメスは、交尾の途中でオスを食べてしまうと報告されています。かまきりの心理を直接聞くことも出来ませんが、種族保存本能からみれば、このシステムは、最も効率的に働いている、とも見えます。

なぜなら、オスは、交尾を終えれば用なしの身、それにひきかえ、メスは、そのあと、しかるべきところに産卵しなければなりません。これは、共食いの一種ではあるでしょうが、邪道と決め付けるわけにもいきません。ねずみの集団を、狭いところに密集して閉じ込め、飢えさせると、共食いをするそうです。犬についても、同じことが言われます。この場合は、集団全部が死ぬよりも、仲間を食って生き延びる道を選択するわけです。

ライオンの社会は、いわば一夫多妻と報告されています。したがって、常に、家族社会からあぶれた若いオスが、周りにうろついていることになりますが、群れのボス・ライオンが年老いて力が弱くなるところを狙って、若いオスがケンカで老いたボスを殺し、群れの新しいボスの座に就くと、この群れの幼児ライオンを食ってしまう、という話です。同じことは、チンパンジー、その他のサルの社会についても伝えられています。

これをどう解釈すべきか。私は、天敵のほとんどいないライオンやチンパンジーの個体数を、増え過ぎないように、周りに合わせるための天然自然のシステムではないかと見ています。だから、こうしたことを、一概に、邪道と言ってしまう気になれない。

植物社会には、共食いは考えられない。植物のたべものは、日光であり、大気であり、大地(水やミネラル)なのですから。動物でも、草食動物には、原則として共食いはないでしょう。共食いは、肉食動物、及び雑食動物(魚、とり、虫、哺乳動物)に起こり得る現象である、と定義してもよさそうです。

人類の生存それ自身が、地球の生態系を破壊、壊滅させてゆく

こうして、人類の共食い現象(食人)を取り上げる地点にやって来ました。現在の生物学の教えるところでは、人類とチンパンジー、ゴリラの遺伝子構造は酷似しているとのことですから、一千万年ぐらい遡《さかのぼ》ると、人類の祖先は、チンパンジーなどとまったく同じ種であった、と言ってもよいでしょう。したがって、チンパンジー社会のように、人類の祖先も、ボスのオスが交代する時に、乳幼児を殺して食べるような習慣があったかも知れません。

しかし、人類は、石器をつくり、使用するようになって、他のサル社会から分岐しました。つまり、独自の種としての軌道を歩み始めたのです。そして、その最大の特徴は、武器・道具・火の威力によって、人類の天敵がまったく存在しなくなったことです。このことが、人類史をつらぬく、中心問題である、と私は見ています。これが、人類を、地球生物社会の途轍《とてつ》もないトラブルメーカーにさせたのです。同時に、それが、人類自身を限りなき苦難と悲惨の渦《うず》に巻き込んでゆくのです。つまり、人類の生存それ自身が、地球の生態系を破壊、壊滅させてゆくのです。

獲物を獲り尽くし、人口は増え過ぎ、追い詰められた末の食人

人類の祖先は、肉食か菜食か。数百万年前に誕生した人類の食性は、チンパンジーやゴリラの食性と、それほど異なってはいなかったと推測できます。ゴリラはより菜食に近く、チンパンジーは雑食性と言われています。しかし、五万年くらい前には、人類は狩猟の能力を完成させたようです。その結果、人々はあり余る獲物を捕まえて食べ、人口の異常増が起きるのです。

メキシコのテワカン盆地についての考古学的研究によると、BC七〇〇〇年〜五〇〇〇年期に、そこの住民たち、狩猟民のたべものの、七六〜八九％（カロリーにして）は動物の肉であった、と伝えられます（M・ハリス著『ヒトはなぜヒトを食べたか』鈴木洋一訳、早川書房刊、四〇頁）。その結果、この土地のウマやマンテロープは絶滅した。そこで狩猟民は、ウサギやカメを多く

捕まえるようになったが、これらも絶滅した。

BC五〇〇〇年〜三四〇〇年期には、肉の割合は、三一〜六九％。

BC三四〇〇〜二三〇〇年期には、二三〜六二％。

BC二三〇〇年〜一八五〇年期には、一五〜四七％。

つまり、獲物を獲《と》り尽くし、人口は増え過ぎ、人々は追い詰められるのです。どうしようもなくなって、人々は農耕を始める。そして、肉は贅沢となる。この延長線上で、食人王国として名高いテノチティトランを首都とするアステカ王国が出現した、と、M・ハリス氏（フロリダ大学教授）は、前記の著書で説明しています。

出産直後の赤ん坊の「間引き」は、太古の時代から人類社会の普遍的な現象

我々日本人の祖先の場合は、どう説明できるでしょうか。日本列島の地理学的条件から見ると、太古から縄文期にかけて、魚介類が大変豊富であった、動物性蛋白質は、長い間、主として魚介類にたよることが出来た、と、考古学者などは考えているようです。けれども、縄文期と、その前の時代、数万年の間に、日本列島の人口の増加率は、微々たるものです。

ということは、何らかの意図的な人口抑制策をとっていなければなりません。そして、人口抑制の、最も端的で効率的な手段は、嬰児《えいじ》殺し（とくに、女の子）です。旧石器人の嬰児殺害率は、五〇％、とハリス教授は述べています（『ヒトはなぜヒトを食べたか』二九頁）。出産直後の赤

ん坊の「間引《まび》き」は、太古の時代からの、人類社会の普遍的な現象です。

日本人の祖先が、それをしなかったと考える根拠も特にありません。旧石器時代後期の人々の平均寿命は、女二十八・七歳。男三十三・三歳、と推定されています（同書二八頁）。縄文人の平均寿命も、三十二・三歳、と出ています。この数字は、乳幼児殺しが五〇〜八〇％にもならなければ、合理的に解釈できないのです。天敵のいなくなった分、人間は、自分たちの手で、赤ん坊を間引き、人口調整しなければならなくなった、と理解してもよいでしょう。

食人も、嬰児殺しも、戦争も、人類がはまり込んだ窮地の結果と認識すべき

今、地球人の人口の増加率は、毎年一％から二％の間にあります。この数字は、もちろん、完全に気狂いじみています。年間〇・五％の増加率でも、百三十九年ごとに二倍になる。もし、旧石器時代末期の一万年間、毎年〇・五％増加してゆくと、地球人口は、どのくらいに増えるか。ハリス教授は、六〇四、四六三、〇〇〇、〇〇〇兆人に達する（同書三三頁）、と計算しています。このケタを表現する単位の言葉はつくられていない。

6×10^{12}兆人！　これが、一万年後の結果です。

人類は、自分を持て余している。天然自然の軌道を外れ、ムチャクチャに暴走しているのです。そこから、果てしない悲惨と地獄図が繰り広げられることになります。そして、その悲劇の一つが、「食人」、人が人を食べる、という「文化」の出現です。食人を、悪であり、悪魔の

所業である、などと非難しても、何の解決にもならない。この世に、理由もなしに起こる現象はない。食人も、嬰児殺しも、戦争も、人類がはまり込んだ窮地の結果として、しっかりと認識する必要があります。そうしてのちに、私たちはこの窮地から脱出する現実的手段を見つけ出すことが出来るはずです。

太古の原始人の社会では、女性優位、母系の、平和な時代であった、という説もありましたが、文化人類学の研究によれば、それはウソです。現実の母系、原始狩猟採集人の社会は、隣の社会と、不断の戦争状態にあるのが普通である、とされています（『ヒトはなぜヒトを食べたか』九六頁）。むしろ、この戦争のために、母系社会が必要となった、と考えられています。なぜなら、男たちが軍隊を組織して、戦争に明け暮れるので、男たちの不在の間、女が留守部隊を引き受けなければならないからです。

こうなるのは、つまりは、人口が増え過ぎるためです。戦争があれば、勝者と敗者が生まれ、捕虜も出てきます。勝者は、捕虜を火炙《ひあぶ》りにして、自分たちの部族の神々に、生贄《いけにえ》に捧げることになります。ホメロスの叙事詩では、英雄アキレウスは戦友パトロクロスの火葬に使う薪《まき》の上にトロイア人捕虜十二人を載せた（つまり、彼らは生きながら焼かれた）、とあります。

古代ローマ人も、ケルト人も、スキタイ人も、捕虜を火炙りにしたと伝えられています。十八世紀初め、カナダのインディアンのヒューロン族が、イロクオイ族の男数人を捕虜にして、拷問を加え、火炙りにし、それから、死体をバラバラにして食ってしまった（『ヒトはなぜヒトを食べたか』一五八頁)、という報告があります。ある社会的条件のもとでは、普遍的に、捕虜の火炙り、そしてその肉を食う、という習俗が存在したようです。

この社会的条件とは、狩猟採集人の社会の人口圧力です。この過剰人口の圧力が、部族間の戦争状態となり、そして、メキシコのように、うまい具合に家畜にする動物が存在しない場合は、強者の国家が、近隣を征伐して、「食料としての人間狩り」を組織的に継続することになってゆくのです。

孔子の大好物は人肉(醢=ししびしお)と『論語』に明記されている

地中海、西南アジア、ヨーロッパで、食人制が発展しなかった理由は、単に、食用となり得る家畜(羊、牛など)が適量に存在したからである、と、ハリス教授は説いています(『ヒトはなぜヒトを食べたか』一七三頁以下)。古代ユダヤ教において、エルサレムのソロモンの神殿のお祭りでは、雄牛二万二千頭と、ヒツジ十二万頭が殺された、とあります。これらの生贄の肉は、祭りに集ったユダヤ人に再分配され、彼らの胃袋に収まることになります。

ハリス教授は、中国では、食人制は発展しなかった、と記していますが、これは彼の誤解、ないしは無知であって、アステカ王国とは違った意味で、中国は一大食人帝国であったのです。このことは、中国の「正史」に堂々と明記されているのですから、漢朝が倒れるまで、中国の当局者は、少しも隠し立てしていなかったのです。少なくとも、中国の公式の宗教、倫理は、食人を、道徳的悪とはしていない。

中国五千年の歴史で、思想家、聖人、学者と言えるのは、孔子ただひとり、などと評価されますが、この孔子さまが、人肉（醢＝ししびしお＝人間の屍体をこまかく切り刻み、塩をまぜて、美酒につけたもの）を大好物としていたと、『論語』に明記されています。

中国は、古代以来、人類の四大文明の一つ、ということになっていて、れっきとした「文明国」の仲間ですが、この国で、「食人文化」が発展し、花開いた、というのはどういうことなのか？　この問題に、真正面から取り組んでみることにします。

「儒教の正体は人食い教」と告発した魯迅《ろじん》

「中国の食人文化を知らずして、中国を理解することは不可能である。人民を虫ケラのように見なす皇帝専制政治は、食人文化の上に成立したのだ」と、台湾人の作家、黄文雄氏（一九三八年生まれ）は『呪われた中国人』（カッパブックス、一九九〇年）の八頁に書いています。

黄氏のこのような言い方は、我々日本人にとって、意外にひびき、また、信じ難いことのようにも思えます。古来、日本の中国問題専門家は、中国の食人文化なるものを、完璧にネグレクトしてきた、そんなものはまったく存在しないかのように振る舞ってきたからです。日本の歴史上、中国の学術を紹介する役割は、主として、仏教の学僧が担ってきました。江戸時代に入ってからは、儒者も、いくらかその仕事に参入しています。彼らの中国研究の方法は、限られた経典の訓詁《くんこ》解釈です。中国の実地を調査記録する、などということを、彼らはやったことがありません。

こんな調子で研究を千数百年つづけた結果、日本人の中国観は、実に奇妙で珍妙な、実物とは似ても似つかない、滑稽なシロモノとなりました。この悪しき異常な伝統は、現在に至るまで、学界でも、世間でも、そっくりそのまま維持されています。黄氏に指摘されて初めて、いま私たち日本人は、愕然《がくぜん》として、中国観の見直しをしなければならないことに気づいたのです。

魯迅《ろじん》の名前は、一部の日本人にはよく知られています。彼の短編小説の中で、最も有名なものの一つは、『狂人日記』(一九一八年)ですが、これは、紛れもなく、中国の食人文化への激しい批判の書です。また、もうひとつの短編小説『薬』(一九一九年)は、「血饅頭《ちまんじゅう》」の話です。血饅頭とは、死刑囚のクビを斬る時に噴出する血を饅頭にひたして、これを重病人の薬として、高い値段で売るシステムです。

魯迅は、孔子の儒教なるものの正体が、人食い教であることを告発したのです。一部の日本人は、この七十年来、魯迅を大いに誉めたたえ、日本語版の全集まで出して、よく知られているはずですが、この人々も、食人については知らん振りを決め込むという、不誠実さです。あるいは、一般の日本人が、食人のような激烈な事実を知りたくない、目を閉じ、耳をふさいで、知ることを拒否する、という心理であるのかも知れません。

世間がそうであるので、学者も、世間受けのしないそんな研究には近づかない、ということになるのかも知れない。長い間、中国は、日本のモデルであり、お手本であったのです。このお手本の国の実体が、実は人肉を食い、人民を虫ケラのように扱う国である、としたら、はなはだ都合の悪い話となります。

愛妻を料理して劉備《りゅうび》一行を饗応が非常な「美挙」！『三国志演義』

私は、若い頃、三十年以上も前、人並みに魯迅に出会い、当然『狂人日記』も読みました。そこで、彼の人食い、食人批判を知り、このテーマが長いこと、気になっていました。

しかし、私は中国問題の専門家ではありませんから、立ち入って原典原籍を調べる余裕もなく、宿題となっていました。十数年くらい前、なにかの雑誌に、台湾人のある作家が、中国の「正史」に記述されている食人文化を紹介していたのを読み、強い興味を抱きました。この作家の名前を忘れてしまったのですが、もしかすると、この人が、前出の黄文雄氏であったのかも知れません。

「正史」は、『史記』に始まって、二十六史あり、歴代の王朝が滅びたあと、次の王朝の国家的事業として、前代の王朝の歴史を編纂《へんさん》するのです。これを「正史」と呼んでいます。『日本書紀』は、この中国風の史書のイミテーションです。これは、中国の「正史」（ごく微々たる断片を除き、日本語の訳はありませんから、原典となります）を手に入れて、調べてみなければならないな、と、私はその時思いましたが、その機会に恵まれませんでした。

聖人君子と称揚される孔子は、弟子・子路が処刑され醢（ししびしお・人肉の塩漬け）にされて以来、大好物の醢を口にしなくなったと『論語』には明記されている。

魯迅（1881～1936）。近代中国文学の最高峰とされる『狂人日記』は中国の食人文化への痛烈な批判の小説であり、「孔子の説く儒教は人食い教」だと喝破した。

私の知るかぎり、日本の学者、著作家で、真正面から中国食人を取り上げて批判したのは、異色の社会学者、小室直樹氏です。彼は『資本主義中国の挑戦』（カッパブックス、一九八二年）で、ほんの少々、この問題を記述しています。それから一九九〇年、黄文雄氏の『呪われた中国人』が出版されたのです。この本の冒頭に『三国志演義』の一節が紹介されています。この『三国志演義』は、我が国の大作家、吉川英治が『三国史』として翻案していますから、ある程度、知られています。

漢が滅びたあと、魏《ぎ》、蜀《しょく》、呉《ご》の三国が争う時代がしばらく続きます。蜀の皇帝となるのは、漢帝の血を引くと自称する、劉備玄徳《りゅうびげんとく》ですが、彼が皇帝になる前のこと、戦いに敗れ、僅かの部下と流浪していた時、貧しい漁師の劉安《りゅうあん》に一夜の宿を借りた、劉備を崇拝していた劉安は、一行を手厚くもてなしたいと思ったが、食糧も金もない、思いあまった劉安は、愛妻を殺して料理し、劉備一行を饗応する、というのです。これは、非常な「美挙」として、原書では描かれている。

吉川英治は、この部分を省《はぶ》こうかと思ったが、日本と中国の違いを知ることに役立つと思い、原書のままにした、そこで異例の注を挿入した、とあります。この『三国志演義』は、十四世紀後半（足利時代）に、羅貫中《らかんちゅう》が長編小説にまとめ、その後現在に至るまで広く民衆の間に流《る》布《ふ》されているのですから、これは三国時代（三世紀）の当時のみならず、後代に至るまで、中国の食人文化が続いていることの、当然の結果なのです（ここに、食人「文化」というのは、人を食うことを、罪悪とも、嫌悪すべきものとも思わない道徳観に、食人が支えられていることを意味しています)。

嫌でも真相を直視せよ！ 古今こんなにもある中国の食人の事実

それでは、この中国の食人は、いつまで続いたのか、ということになりますが、中華民国(一九一二年〜)以降は、あまりおおっぴらには行なわれなくなったようです。つまり、国家の公式の、公然たる制度としての食人は存在しなくなったわけです。しかし、事実としての食人は続いているようです。

国共内戦(一九四五〜四九年)当時、中共軍に捕虜になった国府軍の兵士の食糧袋から人肉が出てきた、と記録されているそうです(『星火燎原』中国人民文学出版社刊、第十巻)。中共政権下ではどうなのでしょうか。文化大革命中の出来事として、元紅衛兵のリーダーの一人、陵狄原氏の回顧録に、飢えた人々が人肉を食っていたことが書かれているそうです(『呪われた中国人』二八頁)。したがって、外国人には知られていなくても、今なお、食人の風習は継続しているのかも知れません。

古代中国の周王朝の春秋時代に、名宰相と謳《うた》われた管仲《かんちゅう》という人物がいて、斉《せい》国の桓公《かんこう》を助けて覇者にしたそうですが、孔子がこの管仲を高く評価していることは、中国史の、もっとも有名な史実に属します。この桓公がある時、「わしはたいがいのものは食ったが赤ん坊の蒸し焼きだけは食べたことがない」と、料理人の易牙《えきが》に言ったところ、易牙は、ただちに自分の息子を蒸し焼きにして桓公に食べさせた、とあります。管仲はこのことについては桓公に何も言っていない（つまり、承認していた）のです（小室直樹『資本主義中国の挑戦』一六六頁）。

普通の日本人の感覚からすると、こんな話は、気持ち悪くて吐き気がしそうです。小室氏は、もう一つ、実例を挙げています。

昔、ある家に、知事が訪問した。主人は、この知事をどんなご馳走でもてなそうかと思いあぐねたが、名案が浮かばない。そこで、この家の美しい娘が、今こそ親孝行のチャンスと、豚の丸揚げをつくるつもりで、グラグラと煮え立たせてあった大きな油鍋の中に飛び込んだ。父親は、この娘の丸揚げで知事をもてなしたところ、知事さまは大感激。後に、知事はこの父親を偉い役人に取り立てて、一家は末長く栄えた、そして、この孝行娘の物語は石碑に刻み込まれた、という（同書一七二頁）。

こういう話は、日本人には、とうてい、理解不可能ですから、これは聞かなかったことにして、忘れてしまう。それが、一番、安易な対応です。しかし、これではダメです。なかったことにしてしまっても、お隣の、中国という国は消えてなくなるわけではない。

西洋文明の欠点を批判して、東洋文明に立ちかえろう、などと、安直に言う人も多いのですが、東洋の主力は、中国（とインド）ですから、その中国について、実態を何も知らず、目隠しされたまま、人工的につくられた偽りのイメージを持ち続けることは、危険千万な話です。

また、福沢諭吉のように「脱亜入欧」、と称して、中国（アジア）文明から脱して、ヨーロッパ文明圏に入ろう、と言ってみても、日本列島が、ヨーロッパの近くに移動するわけでもない。依然として、日本は、中国大陸の隣に存在し続けているのです。やはり、我々は、中国の真実、真相、実相を知る努力をする他ないのです。

食人の習俗の原点は、疑いもなく、人間による自然生態系の破壊にあり

中国の真相を知ろうとする場合、これまでの、古代から現代までの日本の中国専門家、学者（仏教学者、学僧も含む）、これは、全部ダメです。使いものにならない。むしろ、日本の中国観を誤らせる、犯罪的な役割を、この学者たちは（仏教僧も含む）果たしてきた、と私は見ています。

その理由は明々白々です。彼らが、「たべもの学」の視点を持っていなかったからです。このことを、言い換えれば、彼らは、中国を、その権力の建て前、きれいに飾り立てた表面でしか見なかったのです。

彼らは、文字どおり、食われてしまう民衆の立場で中国史を見ることが出来なかったのです。この人々は、崩壊してゆく中国の大地、その生態系の立場から、中国史を見なかったのです。だから、この千数百年の、日本の専門家たちの書いた中国についての研究書は、三文の値打ちもないどころか、逆に、中国の人間社会と自然の崩壊を加速する、悪魔的なものでしかないの

です。

それゆえ本書は、これらの一切の日本の中国専門家の業績と決別するところから始めなければなりません。私がこれまで、中国について日本人から得た知識、情報のうち、最も貴重で、高い価値を認めたものは、敗戦後、中国大陸から帰還した兵隊たちの率直な感想です。中国には木がなかった。日本の港に近づいて、あまりの緑の濃さに感嘆した、というのです。これは、まことに、核心を突いています。

中国についての真の学問というものは、この庶民の印象を糸口として、それを深めてゆくべきものではないでしょうか。ところが、私の知るかぎり、中国三千年、あるいは、五千年の歴史の中で、森林がどのように破壊されて来たか、それが何をもたらしたか、という研究書は出てこないのです。多分、この種の著作は、本家の中国それ自身に、存在しなかったのではないでしょうか。

食人の習俗の原点は、疑いもなく、人間による自然生態系の破壊にあります。中国史の特質は、生態系破壊についての、中国式やり方に根差していると私は見ています。この特質こそ、中国の「食人文化」を生み出し、継続させた、真の原因である、というのが、私の感想です。

狩猟採集の社会が発達すると、必ず「失楽園」の悲哀を招く

ジャン・ジャック・ルソーは、幾冊かの著作で、この二百余年の間、人類の思想と行動に絶

大な、決定的と言ってもよい影響を与え続けています。彼の初期の著作に、『不平等起源論』（岩波文庫）がありますが、ここに、大変有名な一句があります。

「人間は、自由人として生まれた。そして今、至るところで人間は鎖につながれた奴隷である」というのです。そこで、「この鎖を断ち切って、奴隷の身分から解放されねばならない」という結論が生まれて来るのです。ルソーのこの煽動的文章が、やがて、フランス大革命を生み出し、「近代」という時代の幕が上がるのです。「人間は、自由人として生まれた」という命題は、いわゆる文明以前の原始共産社会の、狩猟採集人のことを指しているのです。

聖書の創世記も、神は人類を、エデンの楽園に創造したが、原罪を犯してエデンから追放された、としています。つまり、太古の時代に、人類は楽園に住んでいた、という神話、ないし、遠い時代の記憶があるのです。

マルクスは、ルソーの説を受けて、さらに、人類の歴史は、三つの発展段階をたどる、すなわち、最初に、楽園としての原始共産社会、次に、階級闘争の社会、そして最後に、より高次の、万人至福の共産社会、という風に。マルクスの死後、エンゲルスは、アメリカの人類学者モルガンが、北米のインディアン社会の調査にもとづいて書いた『古代社会』という大部の著書に依拠して、『家族、私有財産、国家の起源』という大変有名な本を出版しました。マルクスとエンゲルスも、ルソーを延長させて、原始共産社会楽園説を、より「科学的」な装いで、主張したわけです。

しかし、モルガンの『古代社会』以後、欧米に生まれた文化人類学と自然人類学が、この百年の間に積み重ねた原始社会、狩猟採集人の社会についての記録は、この「エデンの楽園」についての通説を、ことごとく、裏切ることとなりました。とは言っても、十七世紀の英国の思想家、ホッブス流の、「原始時代の人間社会は、万人の、万人に対する闘争、弱肉強食的生存競争で明け暮れていた」という説も、人類学の研究では、実証されないのです。

原始の狩猟採集社会では、人口が少なく、獲物が豊富という条件があれば、確かに、楽園です。食べものの獲得のために必要とする労働時間は、一日二時間程度、と計算されていますから、「初期の狩猟民や植物採集民は、今日のもっとも裕福なアメリカ人にしか出来ない贅沢を享受していた」（『ヒトはなぜヒトを食べたか』七頁）、とも評価できます。

しかし、人という種の難点は、①人口調節能力の欠如、②消費物資獲得効率の不断の上昇、というところにあるのです。この二大難点が、何を結果するかというと、①人口の激増傾向、②獲物の激減傾向、ということです。

人口が増え、獲物が減る。するとどうなるか？　子供でも分かるように、「人口過剰」となります。人間を獲って食う、天敵はいないのですから、人類はたちまち、デッドロックに乗り上げます。かくして、人類は、エデンの楽園から追放されることになる。「失楽園」の幕が開くのです。つまり、狩猟採集人の社会がある程度発達すると、必ず、「失楽園」の悲哀を経験することになるのです。その後の人類史は、「失楽園」の苦しみが、いよいよ強まってくる、二乗、三乗、四乗、……一〇乗、一〇〇乗される過程である、と私には見えます。ですから、「原始共産社会＝地上の天国＝エデンの楽園」と言ってしまうのは、大きな錯覚だったのです。

敵の捕虜を責め殺して料理し、大喜び、大はしゃぎ、大活躍の女と子供

一五五四年、船が難破して、ブラジルの原住民、トゥピナンバ族に捕まったドイツ人水夫、ハンス・シュターデンは、九カ月の間、トウピナンバ族のある村で過ごした記録を残しています。彼は、そこで、戦争の捕虜を責め殺す儀礼、死体の解体、その肉の料理、分配、そして食べる、という食人現場を目撃しました（M・ハリス著『食と文化の謎』岩波文庫、二九〇頁）。

少なくとも三回、合計十六人の犠牲者が料理され、食べられた場面を彼は書き記しているそうです。こんな話を引用すると、日本人は、聞きたくないと耳をふさぐかも知れませんが、しかし、記録によると、敵の捕虜を責め殺して料理する労働（と言ってよいかどうか、分かりかねますが）で、大喜びして、大はしゃぎ、大活躍するのは、女と子供たち、とくに老婆たちだと報告されています。何のために私がこんなエゲツないと見える事実を書くかというと、この世の全ての存在がそうであるように、人間存在もまた、その時々の条件次第で、どうにでも変わり得る、ということを言いたいためです。同じ状況下に置かれれば、人は、十六世紀のトウピナンバ族のように行動するのです。

シュターデンの記録では、トウピナンバの戦争捕虜の運命について、次のように記述されて

いるそうです。

「かれらが捕虜を村に連れてかえると、女、子どもがおそいかかり、なぐる。そのあと捕虜を灰色の羽で飾り、眉をそりおとし、逃げられないようにしっかりしばりあげ、そのまわりを踊りまわる。……すべての準備がおわると、処刑の日を決め、近隣の村の野蛮人たちに招待を伝える。……捕虜を小屋から引きだしてくる。女たちはかれをあざけり、おまえを食べてやる、と言いはなちながら走りまわるのだ。その女たちは、かれが解体されたら、その四肢をもって小屋のまわりを走ることになっている。次に、捕虜から二歩のところに、かれを料理する火をおこす。そのあと、女がこん棒をもってくる。……喜びのさけび声をあげながら、捕虜によく見えるように、そのまえを走りまわる。……殺害者は背後からうちおろし、その頭をつぶす。すぐさま女たちが死体にとりつき、火のところに運んで、皮をはぎ、白むくれにし、何一つなくならないように木片で肛門に栓をする。そして一人の男が死体を切りわけ、足をひざから、腕を胴から離すと、四人の女がその手足をつかみとり、それをもって小屋のまわりを、喜びの叫び声をあげながら走る。そのあと、かれらは胴を分配し、食べられるところはすべてむさぼり食う」（『食と文化の謎』二九一〜二九三頁）

肉は食いたい、獲物がいない。そこで、共食い

このような光景が、ごくまれな特殊例かというと、そんなことはない。後期、つまり、人口

過剰と獲物の減少の圧力にさらされている段階の狩猟採集社会では、それは、普遍的に発生する現象なのです。したがって、それを、平和的な「原始共産社会」という概念でくることは、大きな誤りです。階級や国家が発生するずっと以前から、人類は、戦争＝相互の殺し合いと、「食人文化」、という局面に入っていたのです。まさに、「文化」という言葉が、この場合、適切なようです。

一五五七年、キリスト教会（イエズス会）のアントニオ・ブラスケス神父は、四年間、ブラジルに滞在したあと、インディアンは、「敵を殺し、そのあと、復讐のために、その肉を食べることに無上の喜び」を感じている、と書いている、とあります。「六人の裸の女たちが、特有の歌いかたでうたいながら、また、さながら悪魔のごとくみえる身ぶり手ぶりをして、その広場に入ってきた。彼女たちは、足のさきから頭のてっぺんまで、黄色い羽［で作られた］、なにか甲虫［に似たもの］でおおわれていた。……祭りをもりあげるために、殺した敵のすねの骨でつくった横笛を吹いていた」（『食と文化の謎』九九頁）。「復讐」というのは、かつて、彼らの村の人々も、「敵」の部族につかまって食べられた、そのことを意味しています。

確かに、こんな具合にして同種の仲間を念入りに殺し合い、歓喜を以《もっ》て貪《むさぼ》り食うのは、人間だけでしょう。それを、人間の残虐性とか、野蛮性とかいう、決まり文句で説明してみても、むなしい。

仏教は、全ての物事は、縁《えん》によって起こる、と見るのですが、後期狩猟社会の「食人文化」

も、それを生み出す歴史的諸条件、縁によって自然必然的に生じるのです。この諸条件を究明し、認識しなければ、我々は、少しも賢くならないのです。食人文化の社会に我々が生きていたら、我々は、その社会の決まり、掟《おきて》、習慣に従って生きる（敵に食べられる）しか道はないのです。

食人の前提は、①人の肉食嗜好性（肉食を好む生理的構造）、②狩猟技術の発達と人口過剰による、獲物（肉）の減少、の二点に集約できます。肉は食いたい、獲物がいない。そこで、共食い以外にない、となるわけです。

狩猟・肉食は、人類が、霊長類の仲間から受けついだ食性

旧石器時代の温暖な気候下で、狩猟採集人は、一日平均、約七百八十八グラムの赤身の肉を食べていた（一年に約二百八十キログラム）という説があります（『食と文化の謎』四九頁）。これは、現在のアメリカ人の肉消費量の四倍と、されます。

サルの一種、ヒヒをケニアで一年間観察した記録（ハーディング）によると、一頭のヒヒが、一年に、四十七頭の小型脊椎動物を殺して食べるのを目撃した、とあります（同書二八頁）。一週間に約一頭、というペースとなります。

狩猟・肉食は、人類が、霊長類の仲間から受けついだ食性のようです。必須アミノ酸、云々についての現代西洋生理学の学説によって、人類の肉食嗜好を説明する研究者もいますが、仮

にこの説明を受け入れたとしても、人類の堕ち込んだ地獄から脱出する出口は不明です。獲物となる草食哺乳動物の個体数は一定であり、人口はどんどん増え、狩猟技術(「人間労働の生産性」、ということも出来る)はどこまでも向上してゆく。すると、やがて、狩猟の「効率」は低下する。

ペルー東部のジャングルに棲むシャラナウア族についての(最近の)調査記録によると、「二、三日も肉なしの日がつづくと、女たちは集まり、ビーズ玉をつけ、顔に色をぬり、村の男たちを一人ひとりつるしあげる。男のシャツかベルトをやさしげに引いて、こう歌う。『さあ、森へ行っていらっしゃい。そして肉をもってきてちょうだい』。男たちはきこえないふりをするが、翌朝になると猟にでかけていく。男たちは知っているのだ。村に肉がなくなってしまったら、女たちはいっしょに寝てくれなくなることを」(『食と文化の謎』二二頁)。

このシャラナウア族の場合は、未だ、獲物は残っているようです。さらに進んで獲物となる動物の姿がほとんど見えなくなると、肉に飢え、そしてついに人間同士の共食いが始まるのです。シャラナウア族の人々は、男も女も子供も、いつも肉のことで頭がいっぱいである、と報告されています。

百万年も、二百万年も、毎日七、八百グラムもの肉を食べ続けてきたとしたら、肉が欠乏するとこうなるのも不思議ではないのかも知れません。

羊の飼育こそ、食人習俗をやめるための、決定的な条件

十六世紀に、ヨーロッパ人はアメリカ大陸への侵攻を始めました。すると、あちこちで、彼らは、原住民が食人文化、食人習俗を持っていることに、否応なしに気づくわけです。これは、彼らを、腰が抜けるほどびっくりさせたもののようです。この食人の文化を、彼らは、「カニバリズム」という言葉で呼んだのですが、西欧人は、それを、道徳的堕落の究極的尺度とみなそうとした。

そして、当時のフランスの偉大なエッセイスト、モンテーニュは、そのような自己中心的な思い上がりを、きびしく批判した、と、ハリス教授は書いています(『食と文化の謎』三一三頁)。つまり、「我々ヨーロッパ人の方こそ、あらゆる野蛮さにおいて彼ら(アメリカの食人原住民たち)を越えている」と、モンテーニュは書いたというのです。

モンテーニュの「良識」は、高く評価できます。そして、ヨーロッパ文明人の「野蛮さ」は、モンテーニュ以後の四百年、減少するどころか、むしろまったく逆に、異常な規模で強化されたのではないか、と、ハリス教授は記しています(同書三一四頁)。このハリス説も、妥当な評価でしょう。しかし、だからと言って、原始的狩猟採集民族の食人文化が、すこしも野蛮でなく、ごく優美な風習だ、などというわけにもいかないでしょう。

そうすると、答えはただ一つ。人類の野蛮さ、残酷さは、数十万年前から、年を経るごとに、

とめどもなく度を増してきている、ということです。ただ、我々の野蛮さ、残酷さの条件が、時代によって変化しているわけです。

人類の一部が、ある時点で、食人をやめることにしたことは確かです。それはどのようにしてか？

M・ハリス教授は、「肉用家畜の飼育成功」を、その条件に挙げています。彼の説は適切です。獲物を狩り尽くす寸前に、家畜として飼育すべく、適当な動物を再評価する。つまり、いま、この野生の羊を殺して食べるのではなくて、これを繁殖させ、しかるのち、一年か二年経ってから食べる、という戦略を立てるわけです。食用として飼育するのに、人間にとって最適の種は、おそらく羊でしょう。大きさも手頃だし、おとなしい大群をなして生活している。それに、草を食べて生きるので、人間の食物とライバル関係にない。

既に、二、三万年前から、人類の狩猟の助手として家畜になっていた犬は、飼育中の羊の番犬として役に立つ。羊は殺して肉を食べたあと、皮も利用できる。羊の飼育こそ、食人習俗をやめるための、決定的な条件であったのです。しかし、羊が生活できる土地柄というものがあります。ユーラシア大陸の相当の部分が、それに当たります。

人間の苦境、野蛮さを何乗倍にも増強した農牧革命なるもの

牧畜とほぼ同時に、食用植物の栽培が始まりましたが、この、いわゆる農牧革命の初期、人

類の生産効率が数十倍にも跳ね上がりました。したがって、この時代も、楽園として、パラダイスとして、人々に受け取られ、記憶されるわけです。しかし、それはほんの僅かな時期に過ぎず、すぐに、この農牧革命なるものが、人間の苦境、野蛮さを、むしろ何乗倍にも増強してゆくことになるのです。

そのからくりは、次のように理解できます。狩猟採集時代には、戦時捕虜を生かしておく条件がないので、殺して食べる方が都合がよい。ところが、農耕牧畜社会では、捕虜を、農耕奴隷として使役すると、なにがしかの利益になる。食べてしまうよりも、生かしておいて、奴隷労働をさせる方が、効率がよいのです。したがって、有力な民族は、専門の軍隊を組織して、領土と、捕虜、奴隷を増やすことになるのです。

ここに、人類の悲惨きわまりない分裂が生じました。このようにして出来た国家は、その利益を考えて、食人の習俗を厳重に禁止することになります。それは、慈悲の心、などから来るのでなくて、損得計算によるのです。食べてしまえばそれっきりなのに、奴隷として使えば、二十年も、三十年も、利益が上がってくる、というものです。しかし、奴隷も同じ人間ですから、この奴隷状態に満足するはずがない。当然、反抗心を持ちますから、支配民族、支配階級は、奴隷の反抗を、厳しい刑罰によって抑えつけにかかるわけです。それゆえ、たちまち、両者の軋轢《あつれき》はエスカレートしてゆくのです。この過程を、なんぴとも防止できません。

かつて、原始の狩猟採集社会では、獲物の野生動物を争って、部族同士の殺し合い、食い合いとなったのですが、農耕牧畜社会では、農地、水、家畜などが、より大がかりな財産の争奪をめぐって、はるかに大規模な人間同士の殺し合いと、そして、奴隷化が開始されてしまったのです。農耕牧畜経済も、その土地の生態系を潰滅させ、崩壊する時が、やがて来ます。中世末期のヨーロッパが、まさにそれでした。そして、ヨーロッパは、この限界を、鉱工商業主導型の経済によって無理やり突き破ったのです。

このたびは、西ヨーロッパ列強は、十九世紀後半の数十年、ある種の楽園時代を経験したように見えましたが、これも、他の民族、他の地域の国々の奴隷化の上に成り立つものに過ぎず、この百年の人類の歴史は、「人類の断末魔」、というにふさわしい悲惨と悲劇で充満しています。近代工業は、生産効率を数百倍にも上げたのですが、その結果、人類は幸福にならず、苦しみと不幸が、その分だけ、増してくるのです。

チベットから六つの河川流域のうち、最大の問題児が、黄河文明

中国の黄河流域。ここでも、農耕牧畜経済は、早くから、破綻をきたしています。そして、それこそ、中国の食人文化の、真の原因、背景であった、と私は見ています。ハリス教授は、中国の諸帝国では、食人文化は発展しなかった（『ヒトはなぜヒトを食べたか』一七八頁、一八五頁など）、としていますが、これは彼の研究不足でしょう。

黄文雄氏は、中国の食人文化が、黄河流域に発生、発達して、次に揚子江に至り、揚子江を

越えて、広東、福建に波及していった（『呪われた中国人』三一〜三二頁）、としています。「中国人が多く移住すればするほど、人口が急増し、過剰開発によって、自然環境と社会環境が破壊され、自然生態学的な均衡が崩れるにつれて飢饉が起こり、食人現象が出現する」（同書三二頁）。

ここで、「中国人」とありますが、もちろん、この名前は、二十世紀に入って作られたものです。中国史に、二十六の王朝の興亡が記録されています。「中国人の移住」、と言われる時、その実体は、漢人であり、漢族である、とされるのですが、この「漢族」がよく分かりません。

現実の中国には、いわゆる、漢族が人口の九割を占め、残りの一割をかなりの数の種族の少数民族（つまり、漢族に同化しない民族）が占めている、ということになっています。そして、漢族もその他の少数民族も、日本人や韓国人と同じ黄色人種、モンゴル人種である、というのです。しかし、ここに、大きな疑問があります。それは、『史記』に記録されている秦《しん》の始皇《しこう》帝《てい》一族は、西方から中国に侵攻してきた形跡が濃厚なのです。

ユーラシア大陸を宇宙船から眺めると、その真ん中の大陸の一番奥深いところに、チベット高原が見えることでしょう。このチベットと、この高原をとりまく山脈から、アジアの六つの大河が発しています。すなわち、黄河、揚子江、メコン河、サルウェン河、ガンジス河、インダス河です。この六つの河川のつくる生態系に依存して、いま、約二十億の人間が生活しています。これは、全人類の四〇％となります。

この比率は、三千年前からほぼ一定で、変わっていないように思えます。そして、この六つの河川流域のうち、最大の問題児が、黄河文明なのです。

黄河文明が、黄河という一匹の竜を苦しめ、半死半生の境地に追い詰めた

一九八九年でしたか、北京のテレビ局が、黄河文明三千年の歴史を批判的に総括する連続番組を放映したことがあります。この番組に対して、中国政府の一部首脳は、「中国の民族的誇りを傷つけるものである」と、ひどく立腹したと伝えられました。こういう態度は頂けない。

黄河文明は、中国史の原点ですから、もし、この黄河文明に問題があれば、その難点が、全中国大陸に拡大してゆくわけです。黄河流域も、かつては、大森林によって覆われていたに違いありません。そして、ごく少数の狩猟採集民の社会が、そこで生活していたわけです。獲物を狩りつくして、農耕牧畜が始まり、それから、小さな原初の国家が簇生《そうせい》し、弱肉強食の戦争の時代に入るのです。このような時代が何千年も続いた結果、黄河流域は、中流から下流にかけて、森林を失い、丸はだかにされてしまうのです。

これで黄河はアウトです。黄河は、半殺しの目に遭ったのです。しかし、当時の中国には、黄河を、一つの生きものとして、チベット高原の水源地から、河口まで、幾千キロにも続く、一つのいのちとして認識する人はなかったのです。また、それを調査する一つの独立した機関も、存在しなかったのです。はだかにされ、身ぐるみはがされた黄河は、頻繁に洪水を起こし、上流の黄土を巻き込んで中流に、下流に持ち去るのです。したがって、河床が高くなり、人々

の住む場所は堤防より低くなり、その分だけ、中下流で洪水をひどくする。

前記のテレビ番組は、竜に例えられた黄河が、度重《たびかさ》なる水害で人民に災いをもたらした、と言いたいもののようです。しかし、それはお門違《かどちが》いです。それは、中国人が、過去五千年間、黄河の一体性を認識せず、それを尊重せず、ただ利用するだけ、それから奪うだけ、という行動をつづけてきた当然の結果なのです。

黄文雄氏は、「呪われた中国人」と、敢えて言いました。私は、その真の原因は、黄河文明が、黄河という一匹の竜を苦しめ、半死半生の境地に追い詰めてしまった、というところに見出さねばならない、と見ています。

(注)「誰もが知っているように、先史時代から現在に至るまで戦争の規模はどんどん拡大してきており、キリスト教が主要な宗教となった国家こそが、武力衝突による記録的な数の死傷者を産み出している」(『ヒトはなぜヒトを食べたか』一八八頁)と、ハリス教授の述べている通りでしょう。

[第二章]

中国は全世界を道連れに自爆崩壊《テロ》

悪辣さにおいては、群を抜くユダヤ・イルミナティ・サタニズムの西洋人。されど、それをさしおいて、唯一中国にのみ「食人」が洗練・体系化・美化し、突出した「食人文化」を誇る。紂王の食人が堂々と記録されている『史記』「殷本紀」など。さらには「食人」が制度として発展・存続。外見は日本人と変わらないが、異彩を放つ漢民族の尋常ならざる出自を検証する。

実情を、まったく知らされていない日本人が好きな国は、アメリカと中国

前出、黄文雄氏は、『中国にもう花は咲かない』（はまの出版、一九八九年）にこんな風に記しています。「日本人が一番好きな国はアメリカで、二番目は中国である。だいたい三分の二の日本人が、中国が好きだそうである。しかし日本人は中国のことをほとんど知らない」（三頁）。

この指摘はまったく当たっている、と私には思えます。知らないどころか、逆に、日本人はいまでも、中国をこの世のものとも思えない、理想の国として、美しく飾り立てることに熱心です。二千年来、中国の文化的思想的な属国、植民地として生き続けてきた歴史が、そうさせるのです。この三、四年来、中国崩壊の実情を描く、幾冊かの本が出版されました。私が読んだものを、挙げておきましょう。

①黄昭堂著『滅亡へ直進する中国』（祥伝社ノンブック、一九九〇年）
②柏楊著『醜い中国人』（カッパブックス、一九八八年）
③柏楊著『絶望の中国人』（カッパブックス、一九八九年）

④柏楊著『中国人よ、お前はどんな呪いをかけられたのか』（学生社、一九八八年）
⑤孫観漢著『病める中国人』（カッパブックス、一九八八年）
⑥永田二人著『中国秘密報告――国家崩壊が始まった』（カッパブックス、一九九〇年）
⑦小室直樹著『中国共産党帝国の崩壊』（カッパブックス、一九八九年）
⑧黄文雄著『中国にもう花は咲かない』（はまの出版、一九八九年）
⑨黄文雄著『呪われた中国人』（カッパブックス、一九九〇年）

これらの一連の本は、まさにいま、「過剰開発国」中国が滅亡に向かって転げ落ちている実情の一端を我々日本人に教えてくれますが、しかし、その読者の数は、多く見ても、数万人でしょう。

日本人の意識構造を決定する、テレビや新聞、週刊誌類は、虚構の中国像を生産し続けているのですから、依然として、我々は、中国で何が起きつつあるかを、ほとんど知らない（あるいは知らされていない）ままです。皮肉なことに、黄氏が引用している、日本人は米国が一番好きだという意識調査ですが、この米国も、過剰開発によって、滅亡に向かって真っ逆さまです。そして、やはり、日本人は、米国のこの実情を、まったく知らされていないのです。これは困ったものです。

中国は、江戸時代までの、日本のモデル国。米国は、現在（敗戦後）の、日本のモデル国。

それゆえに、日本人は、この二つの国が大好き、という結果となるのです。我々がモデルとしてきた国、いまモデルとしている国が、滅亡に向かって直進している、というような情報は、出来ることなら聞きたくないし、読みたくもない、というのが、我々日本人の心情ではないでしょうか。なぜなら、真剣にそれを考えてゆくと、必然的に、我々日本人自身のこれまでの（少なくとも二千年の）歴史を、根底から問い直さなければならなくなってくるからです。

これからも中国では大規模な食人（共食い）が起きる

米国のことはともかくとして、中国の破局は、昨日今日のことではない。三千年、四千年の中国の歩みの、当然の結末として、いまの破滅があるのです。したがって、過去四千年の中国を、我々は総括しなければならなくなるのです。中国を専攻してメシを食ってきた専門学者は、この際、論外です。この人たちは、全部ダメ、落第です。

前掲の九冊の本の著者も、台湾人の作家四人、そして、小室直樹氏という、八方破れの現代日本の学界のはみ出し、名物男。それから、『中国秘密報告』を書いた永田二人氏は、北京に駐在してビジネスをやっている現役の日本の企業人二人の共同ペンネームです。

日本人が中国批判を書くと、中共当局は二度と中国に入国させない。中国に居住している場合、マゴマゴすると、中国当局に逮捕され、投獄されてしまいます。新聞社だと、特派員は追放され、ひどければその社は以後、北京に記者を送れなくなります。この状況を前提として、話を進めましょう。

在野の学者、思想家の中国観は、どうでしょうか。私は、東洋文明の立場から、強烈に西洋文明を批判した、桜沢如一《さくらざわゆきかず》氏について、少し、厳しく、コメントしてみます。桜沢氏は、『中国四千年史』という小さな本を書いています。これは、陰陽の原理を応用して、中国史を北（遊牧）と南（農耕）の対立闘争の展開として見ています。ところが、この本の中に、「食人文化」のことは、ひとことも出てこないのです。残念ながら、私が尊敬するこの大先輩の中国観も、この二千年来の日本人の、事実にまったく反する中国美化、理想化のレベルを超えるものではなかったのです。

『中国秘密報告』の著者、永田二人氏（在北京）は、「中国の国家崩壊の足音が聞こえる」（七頁）、と書いています。十一億、あるいは十二億とも言われる人口を抱えるこの国の秩序が崩壊する、ということは、人口が、文字どおり、食えなくなることを意味します。

過去の中国史では、そんな場合に、大規模な食人（共食い）が起きています。その結果、人口が一挙に半減したり、十分の一に減ったりした、と、史実に記されているそうです。

しかし、それとともに、流民《るみん》となった人々は、未開発の西南中国にあふれ出し、明朝の頃から、東南アジアにも移住したのですが、今回も、必ず、そうなるでしょう。

山河崩壊の最後のとどめを刺した悪質で無知な中共政権

中国の山河は「加速度的に崩壊してゆく」。「数千年前、華北に黄河文明がさかえた当時には、華北地方にも密林があり、湖沼もかなり多かった。だが、春秋《しゅんじゅう》時代（BC八世紀〜BC五世紀）は、もう既に森林が破壊されつつあったことが記録されている」（『中国にもう花は咲かない』五一頁）。

春秋戦国《しゅんじゅうせんごく》時代は、唐（中期）、清（初期）と並んで、中国の三つの黄金時代、などと、誰かが言っていましたが、その時既に、中国大陸に凶兆が現われたのです。唐、宋は、おそらく当時の世界の最大、最強、最富裕な帝国であったのですが、まさにこの時代に、黄河中下流の森林が消え、次に、揚子江の中下流の森林が喪失したのです。しかし、この中国四千年史において、山河崩壊の最後のとどめを刺したのが、中国共産党（中共）の中華人民共和国の政権です。

毛沢東皇帝の思いつきで、いわゆる「土法高炉」の建設によって鉄鋼生産を飛躍的に高めるために、農村周辺の森林は全部伐採され、消えてしまった。そして、農村で、「大寨《たいさい》に学ぶ」と称して、山頂まで樹を切り倒し、畑をつくる。そして、表土が流出して破局となるのです。同じことを、一九七〇年代に、北朝鮮の金日成《キムイルソン》が人民に強制しました。私は、中国、朝鮮の歴代の為政者の中で、毛沢東の中共と金日成の朝鮮労働党よりも悪質で無知、生態系の破滅を強行させた人物を知りません。

中国では、農民一世帯あたり一日十キロの薪《まき》を使う。全国で六億〜七億トン。干し草、作物の茎、動物の糞で三億トン。残りは石炭と薪・木炭。悲劇的なのは海南島で、中共政権以前の森林は三五％。そして中共の権力奪取以後三十年で、七・二％。海岸一帯は既に砂漠化している。北京は二十一世紀には砂に埋まり、地中に没する、と、予測されている（『中国にもう花は咲かない』六一頁）。河川が爆発している。そしてそれは大地の死亡宣告である。ナイル川の土砂含有量は一立方メートルあたり一キログラム。黄河は一立方メートルあたり三四キログラム（ナイルの三十四倍！）。降水期は六五一キログラム（！）。自然の崩壊は既に救いがたい状況にいたっている（『中国にもう花は咲かない』六六頁）。

中国大陸では、人間の生存は臨界点に達している。炸裂寸前の人口爆発。人民公社の解体は、流民の大噴出となる。腐蝕する大地。死滅する河川。揚子江は廃水溝と化した。華南の大河、珠江《じゅこう》の汚染もひどい。一日八千万トンの工場廃水の八〇％は処理されずに川や湖に流れ込む。近海は魚がいなくなっている。「渤海は既に死海になった」（中共の党機関誌「紅旗」より）。

もっと深刻なのは都市の崩壊である。水資源が枯渇している。巨大なゴミ箱と化した中国の都市。教育予算はスズメの涙。教師の質の悪さは想像以上。教師の賃金は全業種のビリから一番目。石油は今世紀で枯渇する可能性あり。中国に残されているのは破局のみ。

『中国にもう花は咲かない』は、春秋戦国時代に始まった中国文明の崩壊が、中共の「革命政権」によって、破局の最終段階に入った、と診断しています。私は、この評価は、まったく妥当で、適切なところであろう、と見ています。小手先の対策や、外国からの借金や技術の導入、といったレベルでは、いかんともすることが出来ない。中国大陸の大地、山河が、断末魔の悲鳴を上げているではありませんか。

中国十一億人の近代化は地球破滅への道

このような中国像は、日本人の長年の中国美化意識と、はなはだしく反します。したがって、日本人はそれを断じて受け入れないのです。まるで、自分の本家、実家、親のことを悪く言われたような気持ちになるのでしょう。そんなに本家の悪口を言わなくともよいではないか。こんな低俗な話に堕《お》ちてしまうのです。

せっかく、お隣の国が、民族統一を成し遂げて、「近代化」のために頑張っているのだから、温かく見守り、出来るかぎり援助してあげるのが日本人としての役割ではないか。隣国のあら探しばかりしていても何にもならないでしょう。まあ、こんなところが、日本人の対中国観の最大公約数（あるいは、お体裁《ていさい》だけの建て前）ではありませんか。

しかし、黄文雄氏は、「近代化政策は人民中国の自殺である」と述べています。「十一億人の近代化は地球破滅への道」であり、また、近代化は社会主義体制の墓穴を掘るだけ。近代化をしても破滅、しなくても破滅。近代化、ということは、この数百年来のヨーロッパ文明（鉱工商業主導型経済）化する、ということを意味します。この近代ヨーロッパ文明なるものは、化石燃料（石炭、石油）エネルギーに依存しています。
中国が近代化を進めて、石炭消費水準を上げてゆくと、酸性雨が中国と朝鮮、日本の森林を全的死に追い込むことになります。中国の大地の滅亡は、必ず、日本列島の大地の滅亡の引き金となります。

黄文雄氏は、「中国の破局は、アジアの没落でもなければ、世界の破滅でもない」、と書いて、我々に慰めを与えるかのようですが、私は、それは甘いと思います。中国は、国際連合安保理事会で、拒否権を持つ五大国の一つです。核武装もしています。黄氏や、幾人かの台湾人作家が指摘されているように、強烈な中華主義思想を抱いているのです。

中国の食人文化の三大料理は、焼き肉、乾し肉、塩漬け肉

歴史に記述される中国最初の王朝は、夏《か》、ですが、これは実在を確認されておらず、幻の王朝と見られていますが、この時既に食人が出て来ます。殷《いん》は、実在するものとして、最初の王朝とされます。『史記』「殷本紀」によると紂《ちゅう》王を諫《いさ》めた翼《よく》侯は炙《しゃ》（焼き肉）にされ、鄂《がく》侯は脯《ほじし》（乾し肉）にされ、九侯は醢《ししびしお》（塩漬けの肉）にされた、とあります。焼き肉、乾し肉、塩漬け肉、これが、春秋戦国までの中国の食人文化の三大料理法として、正史に記録されています。

紂《ちゅう》王は、大臣の九《きゅう》侯の娘が絶世の美人の噂が高かったので妃とした。しかし彼女は貞淑で淫猥を好まなかったので、紂王は怒って彼女を殺し、父親の九侯を塩漬けの肉、醢にしてしまっ

司馬遷。自らも宦官の刑に処された恥辱を堪え忍びながら歴史書『史記』を完成させた。「殷本紀」では殷王の酒池肉林や暴虐の限りと、現代人にとっては凄惨な食人の史実を描いている。

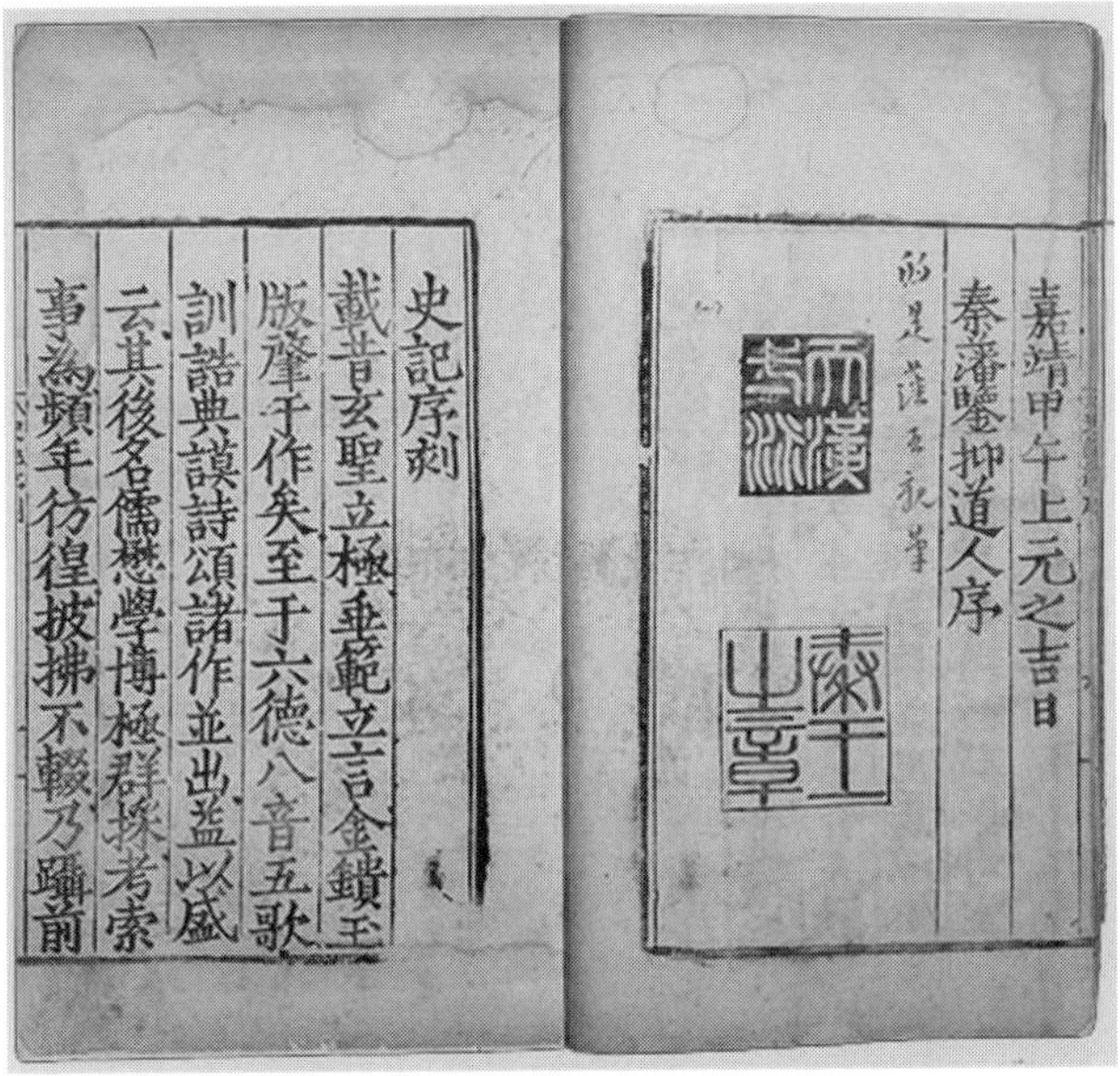

嘉靖甲午上元之吉日
秦藩鑒抑道人序

史記序刻
載昔玄聖立極垂範立言金鏡玉
版肇于作矣至于六徳八音五歌
訓誥典謨詩頌諸作並出蓋以盛
云其後名儒歴學博極群採考索
事爲頻年彷徨披拂不輟乃躡前

『史記』には「焼き肉」「干し肉」「塩漬け肉」が食人三大料理法として記録されている。

た。大臣の鄂侯がこのことを強く諫めると、紂王は鄂侯を脯（乾し肉）にしてしまった。

この時代に、王や皇帝は、気に食わない臣下《しんか》（大臣のような、高位の高官でさえ）を殺してその肉を食べる（臣下に食べさせる）風習が広く行なわれたもののようです。

紂王は、臣下の黄飛虎《こうひこ》の妻、耿《こう》氏を慰みものにし、耿氏が拒否したため、醢にして黄飛虎に下賜《かし》した。飛虎は大いに怒り、三万の兵を率いて造反し、諸侯も合流してついに紂王は敗れ、焼身自殺した。つまりここで、殷は滅び、周《しゅう》の時代が始まるというのです。

殷が滅びたのは、約三千年前、とされていて、日本列島では狩猟採集経済の縄文時代。人々の生活のしかたに、非常に大きな差があります。メキシコのアステカを別とすれば、農耕牧畜を基礎とする大国で、殷の紂王のような食人が歴史の記録に残っている国はなさそうです。アステカの場合は、狩猟で獲物を狩りつくし、食用家畜にすべき動物が存在しなかった（それで代わりに人間の肉を食べた）、と説明されています。

苛烈な北方の遊牧牧畜民族出自の武力征服王朝ゆえの食人

黄河流域は、北京原人以来、数十万年前から人間が棲《す》みついていたというのですから、狩猟の結果、獲物となる野生動物が減少し、そして、農耕によって森林が消えるにつれて、ますます食用とすべき動物が姿を消してしまったと推測できます。中国大陸は、農耕可能な地帯と、遊牧しかできない北方の大草原地帯が、画然と区別されています。遊牧民の主食は羊の肉であり、黄河の農耕民の主食は小麦などの穀食菜食です。アステカと違って、黄河の農耕経済は、ブタとか、アヒルとか、犬とか、羊とかいった、食用の家畜を飼う条件が、多少は存在したようにも見えますが、どうも、窮屈な感じです。

夏《か》以降の中国の王朝の起源をさぐると、これは、北方の遊牧牧畜民族出自の武力征服王朝と見るのが妥当ではないでしょうか。北方といっても、中国の北方には、中央アジアの大草原と砂漠地帯が、東西に亘《わた》って広がっています。この草原の民が金属製武器で武装して農耕民を掠《りゃく》奪《だつ》するのみならず、そこに居座って征服国家をつくるとすると、そこに出現する支配者と支配される民の関係は、きわめて苛烈《かれつ》なものとなる他ありません。そして、この農耕地帯に十分な食用動物が存在しなければ、武力征服者の側が、支配される農耕民を殺して食べてしまうこともあり得る話です。

私は、中国の原国家は、支配する者とされる者の間の、極度の緊張、対立関係、おそらくは、人類の生み出した多くの国家の中でも、最大の対立と闘争の関係から生まれたのではないか、と見ています。そして、この関係は、五、六千年前の、黄河流域とその周辺の土地柄、その生態学的条件が、必然的に生み出してしまったものであって、そこに棲む人々は、そこから脱出することが出来ないのです。

脱出しようとしても、その関係は、どこまでも広がってゆく（追っかけてくる）のです。いかなる呪いが、中国人にかけられたのか、と、台湾の作家、黄文雄氏や、柏楊氏は自問するのですが、多分、中国史上、このような問いを公然と発し得たのは、近年の、この作家たちが初めてでしょう。一九八〇年代の台湾でなければ、(世界に冠たる中華大帝国の誇りを踏みにじる) こんな言葉を、中国の知識人は公衆の面前で書くことは許されなかったのです。

インドは武力征服者の軍事的優越度がずっと低く、食人文化を生まなかった

古代インドでも、西方から、武装した牧畜民族、アーリア民族が侵入して、インダス、ガンジス河流城の農耕民族を武力で征服しましたが、こちらの場合は、食人文化は発達しなかったどころか、世界でもまれに見る菜食主義志向の文化を生み出しました。同じアジア、東洋、として括《くく》られるインドと中国の、この違いはどこから生ずるのか。この問題は、大変重要であって、適切に説明されねばなりません。

アジアの地図を眺めると、その解答らしきものが頭に浮かんできます。インドの農耕地帯の北は、ヒマラヤ山脈となっているので、中央アジアの草原からインドに大軍が攻め込むことは絶対的に不可能です。ここが、黄河の農耕文明とは異質です。インドの農耕社会を掠奪する目的を以《もっ》て入って来ようとする牧畜民族は、西から地理上の大障害を乗り越えて来なければなりません。したがって、必然的に彼らの軍事行動は、中国黄河流城に比べて、より小規模で、よりまれなものとなります。

つまり、武力征服者の陣営の軍事的優越度が、中国よりも、ずっと低くなるはずです。支配

者（アーリア）は、原住民（ドラヴィタ）に対して、より低姿勢で、より妥協的に出なければなりません。

中国政治の宿痾《しゅくあ》——敗ければ人肉として供される、激烈な皇帝内権力闘争

中国史を読むと、武力を持った支配者は、文字どおり、虫ケラのように敵国の軍隊と、自国の人民を殺戮《さつりく》します。この様相は、中国の国家形成の原体験から発している、と私は見ています。黄文雄氏は「人民を虫ケラのように見なす皇帝専制政治は、食人文化の上に成立した」と述べています。確かにそうですが、この皇帝専制の原型が問題です。いかなる歴史的条件によって、そうした専制が成立し、そして三千年、ないし四千年に亘って維持され得たのか。

孫観漢氏（台湾清華大学教授、物理学者）は、中国人の深層心理に小皇帝願望がある、と言っています（『病める中国人』八八頁）。身分の上の者に対しては奴隷となり、下の者に対しては小皇帝気どりになる、というのです。台湾の作家柏楊氏は、「これは世界中のいかなる国にも見られない現象である」（『醜い中国人』一三〇頁）、としています。

秦《しん》の始皇帝から清《しん》の最後の皇帝、宣統帝《せんとうてい》まで、二千百年間に、二百九人の皇帝が即位していますが、そのうち六十三人（三分の一）は自殺あるいは暗殺、一〜二十歳で夭折《ようせつ》した皇帝が二十四人（一一・六％）。二百九帝の平均寿命は三十八歳。黄文雄氏は、独裁君主制社会の、その支配階層内の激しい闘争が、中国史のもう一つの特質である、と書いています。

宮廷闘争や王朝の衰亡によって殺された皇子、皇孫は、殺された帝王の数十倍、数百倍にものぼる。皇太子に立てられるまでに、宮廷内で暗闘が果てしもなく繰り広げられ、太子が帝位を継ぐまでにも派閥闘争となり、巻き添えで死ぬものが数万人に達することも珍しくない。

これでは、国家の指導層の関心は、不可避的に権力闘争に収斂《しゅうれん》してゆかざるを得ない。ということは、権力闘争以外に頭が回らないことを意味します。ちょっとでも油断すると、権力闘争に敗れて首が跳ぶかも知れない。場合によっては、塩漬け肉や乾し肉になって食べられてしまうかも知れない、となると、いかによい政治を行なうか、などかまっていられないのです。

「農業技術の改善は、二千年間、ほとんど見られない。……技術革新や、資本蓄積はなおさら見られない」（黄文雄）のは、むべなるかなです。

中国人の余剰エネルギーの全てが、上層部の権力闘争（あるいは、一度獲得した権力を維持するための闘争）に消尽《しょうじん》させられた、と言ってもよいでしょう。

漢民族は、アーリア系の牧畜・軍国主義的好戦民族と黄色人種原住民の混血

ここで我々は、中国に、民族は成立しているのか、俗に、漢民族、漢人、と呼ばれている人々は、どんな人々なのか、という問題に突き当たります。なぜなら、もし漢民族というものが存在するなら、同族の中で、これほど極端な殺し合いを平気で行ない得ると信じられないからです。漢人、漢族の出自、となると、どうも、ここに重大な秘密が隠されているようです。

秦の始皇帝（上）からラストエンペラー宣統帝（下、愛新覚羅溥儀。清朝最後の皇帝であり、満州国・初代皇帝）まで209人の中国皇帝の平均寿命は38歳と、おびただしい権力抗争のために早世だといわれる。

中国大陸の原住民は、いまの中国で少数民族（人口の一割を占める）と言われる人々だったのです。この少数民族の中で、最も注目すべき存在は、我々日本人と酷似している苗族《メオ》です。彼らは、今は、中国の西南部の辺境山岳部に追い詰められていますが、もともとは、黄河、揚子江流域、中国の主要部に住んでいたと見られています。

西北方から侵入してきたアーリア系の牧畜・軍国主義的好戦民族が、中国のモンゴル系黄色人種の原住民と混血して出来上がったのが漢民族である、というのが、私の仮説です。この仮説を間接的に証明する証拠の一つは、アジアの言語地図です。この言語地図によると、中国語だけが孤立して、ヨーロッパのアーリア系の言語と共通の文法を持っているのです。そして、この中国語の周りは、ぐるりと、日本語を含めた、アジアの民族の言語で取り囲まれているのです。この事実は、紛れもなく、中国語を作った人々の起源が、西方アーリア人の中にあることを示しています。この真相は「漢字」という衣裳によって覆い隠されているので、中国人＝中国文明が、生粋《きっすい》のアジア系・黄色人種系のものと見えてしまうのです。

今日でも、中国人は省が異なると会話が通じない、と言われるように、話す言葉が違うのですが、文字は共通なので、一つの中国文化が成立することになっています。そして、この文字の統一は、秦の始皇帝の重要国策の一つです。この文字統一の過程は、漢帝国に受け継がれ、約八百年かけて、唐の時代にほぼ完結したもののようです。つまり、この漢字は、西北方から来た異族の征服民族が、中国の原住民を精神的に支配する武器として発明され、普及された、と見るわけです。

そして、この文字文化を受容するものを漢人と呼び、中華の文化に浴するものとして認め、それを受け入れないものを、東夷西戎南蛮北狄《とういせいじゅうなんばんほくてき》など、けもの偏の蛮族《ばんぞく》と呼ぶのです。この文化の中に組み込まれた原住民は、必然的に、自分たちの民族の文化的伝統を喪失する、奪い取られることになります。独自の神話と伝統の根を切られてしまうのです。

現代も続く「中国史は、人間を殺し合う歴史だった」

日本の歴代の学者、知識人が、骨の髄まで、中国文明の奴隷であり続けたために、日本人の中国観は、依然として、この世のものとも思われない現実離れしたものです。

日本人が、中国と聞いてまず思い浮かべるのは、孔子でしょう。孔子の子孫の一人が日本にも滞在していて、何とかいう週刊誌が、この人に、孔子に関連した連載のコラムを書かせています。黄文雄氏は、日本統治時代の台湾で育っています。子供の頃、漢学好きの祖父から、「仁義道徳」がぎっしり詰め込まれた儒教の古典を叩き込まれた。そして、小学二年の時、第二次世界大戦が終わり、日本人は引き揚げ、大陸から中国人の校長、先生たちがやって来た。「われわれは、中国人の先生たちの行儀が悪く、不潔なのには驚いた。教室や廊下でも、かまわずタンを吐き、手バナをかむ。いつも薄汚れていて、臭く、めったに風呂に入らないようだった」。そしてついに、一九四七年二月二十八日、中国人の収奪と暴政に耐えかねて、台湾人の怒りが爆発し、反中国人暴動が起きた。「国民党は中国から援軍を送り込み、数万人の台湾人を虐殺した。……彼らは、台湾人を虫けらのように殺した」（『呪われた中国人』五頁）。

つまり、「中国史は、人間を殺し合う歴史だった」という時、それは、昔の話ではなくて、つい最近まで続いている、れっきとした現代のことなのです。にもかかわらず、わが国の中国専門家たちは、素知らぬ顔で、あいも変わらぬ浮世離れした中国美化の曲学阿世《きょくがくあせい》（学＝真理を曲げ、世間に阿《おも》ねる）の商売人ぶりを発揮しています。したがって、日本国民は、千数百年に亘って、これらの中国専門家たちが供給してきた、ニセモノの中国イメージの重荷を背負わされて、身動きできなくなっているのです。

彼らニセ学者・ニセ専門家たちの罪は余りにも大きくて、我々日本人は、息も出来ないくらいに押しつぶされているのです。

中国は「特務機関」や無数の秘密結社が横行する複雑怪奇な化け物社会

「中国人は、考えていることと、言うことと、行なうことがまったく違う。だから、彼らは猜《さい》疑心《ぎしん》が強く、他人の言葉を信じない。つねに、ハラの探り合いである」（『呪われた中国人』六頁）。そこで、中国の政権は、「特務機関」を発達させました。民衆の側は、対抗して、秘密結社（会党、幇《パン》）を組織するのです。こうなると、中国人の社会は、複雑怪奇な化け物となり、人々のエネルギーは、無数の秘密結社、派閥の権力闘争に吸い取られざるを得ません。中国政権の特務機関の創設のはしりは、周の暴君、厲王《れい》（巫女《みこ》をスパイとして召しかかえ、王を誹謗する者を密告させて、殺した）と伝えられます（『史記』「周本紀」）。この特務機関を集大成したのは、乞食坊主から身をおこして皇帝となった、朱元璋《しゅげんしょう》が建てた明《みん》朝だそうです。そのピーク時に、東廠、西廠、内行廠と、特務機関は限りなく膨張し、そこで働く宦官《かんがん》は十数万人に達した、とあります。

我が国では、中国型の、皇帝に直属する特務機関は、存在の条件がなかったようです。むしろ、明治になって、ヨーロッパ流（特にフランス）の中央集権的警察システムを作り、やがて、一九一一年に、特別高等警察（特高《とっこう》、と称される）も生まれました。敗戦で、この特高警察が廃止されるまでの三十数年、日本人は、特務機関と各種の秘密結社のかなり緊迫した暗闘の時代を体験しました。しかし、このような時代でさえ、この権力闘争での死者（獄中での拷問死と、死刑を含む）は、最大限に見積もっても二百名をそれほど超えないでしょう。中国史における権力闘争の大殺戮とは、てんで比較にならないのです。

日本の歴史で最大規模の政治的殺害（迫害）は、徳川幕府による、切支丹《キリシタン》禁止と、転向しないキリスト教徒の処刑です。これは、徹底して行なわれました。この切支丹弾圧は、単なる宗教問題ではなくて、ヨーロッパ・キリスト教諸国による日本列島占領の企図に対する、一種の防衛戦争と見なければなりません。

したがって、我々日本人は、三千年の歴史のある、中国型の「特務機関（秘密警察）による支配」を実感できない立場にあるのです。ということは、日本人には、中国社会の皮相《ひそう》しか見えない、その実相がまったく分からないわけです。政権が秘密政治警察を使い、民衆が秘密結社に立て籠もる、となれば、必然的に言行一致、などはお笑い草に過ぎない。本音、本当の意図は、滅多なことでは語れない。裏があり、裏の裏がある。そのまた裏があるかも知れない。正直者はバカを見る、それどころか、正直者は財産を失い、いのちまでなくしてしまっても、文句を持ってゆくところがない。ウソをつくことは、悪徳でもなんでもない。それはきわめて初歩的な処世術、世渡りの技術である、ということになるのです。

粛清・「大躍進政策」・文化大革命で数千万人の飢死者、そして殺戮

清《しん》朝を倒して中華民国が出来た（一九一二年）時から、民国二十二年（一九三三年）までの二十二年間だけでも、内戦は七百回以上、と記録されています。中共政権が樹立されるや、彼らは、人口の五％を国民党・地主階級・反動分子として一律に粛清せよ、と指令しました。これによって、二千万人ぐらいは死刑にされたわけです。

その次は、一九五〇年代、毛沢東の気狂いじみた「大躍進政策」（その実体は、まさに正気の沙汰とは思えない、これをやらせた毛沢東は、れっきとした誇大妄想狂の精神病者というしかない）なるものによって、大飢饉が生じ、一千万単位の飢死者が出ました。この失敗で毛はタナ上げされ、劉少奇《りゅうしょうき》が実権を握りました。すると毛は、文化大革命なるものをでっち上げて権

明朝を興した朱元璋（洪武帝）。主君・郭子興の一族や数々の政敵を謀殺して治世を握り、宦官の諜報網を駆使して官吏・知識人を大弾圧した。

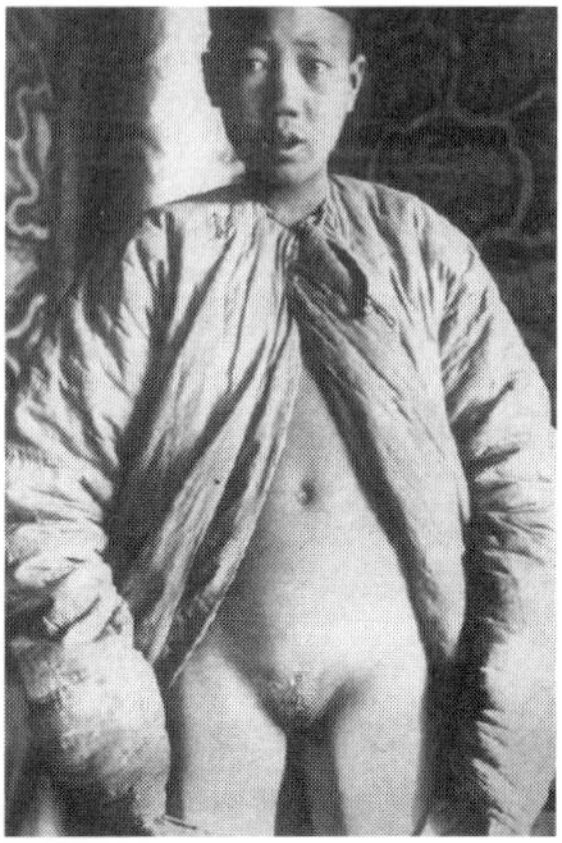

完全去勢された少年宦官。19世紀末にフランス人医師により北京市内で撮影された。

清代の紫禁城に仕えた宦官たち。1924年の馮玉祥のクーデターで宣統帝とともに紫禁城から追放され、宦官の歴史は幕を閉じた。

力を奪還します。その過程で数千万人の死傷者が出ています。「人間が殺し合う社会」、人民が虫けらのように殺戮される社会、という伝統は、現代中国でも、脈々と生きていたのです。

我が国の「良識」を代表している、と自称する朝日新聞が、中共・毛政権を、この四十年間、どれほどの美辞麗句で誉めたたえてきたか、文化大革命をこの世の地上天国として絶賛してきたか、このありさまは信じ難いお話です。このようなアホらしい惨状が生まれる理由はたくさんあるでしょうが、その一つは、日本人の体験では、中国型の社会が、理解を絶している、というところにあります。自分のレベルで、他国、他民族を理解しようと誤りを犯してしまうわけです。しかし、本当の思想や学問は、自己の狭い経験の枠を越えて、ものごとの実相を認識するためにあるのではありませんか。ところが、日本の中国研先者たちが、千数百年に亘ってニセの中国イメージを日本人に与え続けているのですから、救いようがないわけです。

暴乱の習性、自分の頭で考える能力を失わせる科挙制度、教化

黄文雄氏は、中国人が公共秩序を守ることが出来ない。したがって、「暴乱」が日常化する、と述べています（『呪われた中国人』二〇四頁）。集団内では秩序が保たれている。しかし、外へ出ると、他人はみな敵。バスが止まると、降りる者があるのに、乗客が入口に殺到する。行列も何もあったものではない。自ら公共秩序を守れないので、警察や軍隊の力が必要だ。その力が弱まれば、たちまち天下暴乱となる。これは民衆レベルの話ですが、「知識人」はどうか、と

劉少奇（1898〜1969、上）と毛沢東（1893〜1976）。毛主導の「大躍進政策」の失敗により大飢饉が発生、「飢えた人間同士がお互いに食らい合っている」と訴えて国家主席の座に就いた劉だったが、毛は「文化大革命」をでっち上げて権力を奪還した。劉は失意のまま獄中で非業の死をとげた。

いうと、「中国の知識人は、千数百年間にわたる科挙《かきょ》制度（科挙の始まりは、隋《ずい》朝、西紀五八七年）のために、自分の頭で考える習慣を失った」（同書一五四頁）。こちらは、きわめて深刻です。このような「知識人」に指導される国家民族の運命は絶望です。

江戸時代までの日本の為政者は、賢明にも、この科挙制度を受け入れませんでした。科挙をめざす受験競争は熾烈をきわめ、幼少のころから勉強を始め、五十歳、六十歳（！）になって合格する者も少なくなかった、というのです。科挙に合格するためには、自分の識見など持つことは出来ない。四書五経とその公式解釈を丸暗記するのみ。中国では、教育（自ら思考する能力を訓練する）が軽視され、教化（支配者の命令を人民に叩き込む）が重視される。この伝統が、中国人（上から下まで）に、自分の頭で考える能力を失わせてしまった（同書二〇六頁）。億単位の人民を国家に統一するためには、皇帝独裁が不可欠だった、という言い方が安易にされてしまうのですが、このようなもの言いの浅薄さに、我々日本人は気づかないのです。

性器再生のため童男多数を殺して脳髄を啖食した明代の著名な高官《かんかん》の高采

台湾の作家、柏楊氏が、最近、中国に旅行した時の様子を、ユーモラスに書いている文章が日本語に翻訳されています。柏楊氏は、上海で、大評判になっている芝居を見に行きました。これは、中共独裁政権を諷刺《ふうし》した芝居です。劇場は、中国全土から来たお客で超満員でした。キリストと、孔子と、ジョン・レノン（ビートルズのメンバーとして有名）の三人が、天国から、中国と暗示される地上の国に視察にやって来るお話です。この国では、人民は、一日に一度しか便所へ行けない決まりになっています。

定刻になると、ラジオで、この国の女王陛下がトイレで用を足す音が放送され、全国民がそれを聴いているのです。そして、女王陛下のおしっこの落ちる最後の音が、ポタリ、ポタリ、……ポタリ、と終わると、人々は先を争って便所へ走るのです。なにしろ、この時を逃すと、一日、便所へ行けないのですから。日本人はあまり笑えないかも知れませんが、中国の人民にとっては、涙が出るほど悲しく、そしておかしい話のようなのです。この劇は、キリストも、孔子も、ジョン・レノンも、この国の警察に捕まり、柱に縛りつけられて、男の生殖器を大きなハサミでチョン切られようとする、そこで終わりとなります。

黄文雄氏や、柏楊氏のような反骨のある台湾の作家のものを読むと、我が国の中国専門家たち、それから、井上靖氏のような、中国を題材にした小説家たちが、実に滑稽で、あわれなピエロ、あるいは、猿まわしに踊らされている猿のような存在に見えてきて、仕方がありません。

黄文雄氏によれば、中国の食人文化は、

①刑罰としての食人
②復讐の儀式としての食人
③忠義の表現としての食人

④薬用としての食人
⑤孝行としての食人
⑥文学としての食人
⑦天文学としての食人
⑧飢餓時の食糧としての食人
⑨戦争時の食糧としての食人
⑩美食としての食人

などに分類されるそうです。

以上の十項目のうち、我々日本民族にも、いくらか経験があって、どうにか理解可能なのは、第⑧項の、飢餓時の食人でしょう。江戸時代、奥羽地方の大飢饉時に、餓死してゆく農民たちに、少々の共食い、食人が記録されています。しかし、その他の項目は、日本人の想像力を完全にはみ出します。したがって、「中国人の食人文化」というテーマが日本人の視界から消えてしまうのです。

明《みん》代の著名な高官、宦官の高采《こうさい》という人は、性器の再生を図るために、数多くの童男（童貞の少年、という意味なのか）を買い取り、彼らを殺してその脳髄を啖食した、と記録されているそうです。薬用食人に含まれるものなのか。我々日本人がこんな話を聞くと、鳥肌が立ってきますが、中国の「正史」に、堂々と公表されている話です。こういう国が「お隣さん」であるという事実をよく考えると、何とも、鬱陶《うっとう》しくなってきます。

儒教、道教、漢訳仏教は宗教と呼べるシロモノでないし、中国には神が存在しない

他の国に見られない中国史の一大特質は、大帝国とその文化の発展とともに、食人も、文化として発展した(「洗練」され、「体系化」し、「美化」されてゆく)ということでした。日本人は、昔も、今も、この事実、及びこの法則性を認識することを拒否しています。我々は、そのことを、身震いして受け付けないことにしたのです。しかし、我々がこの真実に目をつぶっていても、お隣の中国の現実が消えてなくなるわけではない。つまり、日本人は、昔も今も、中国について本当のことは何も知らない、無知無学と、錯覚、誤解、妄想に囚《とら》われている、と言わねばなりません。

黄文雄氏は、「中国人は、いろいろな文化を生み出したが、宗教と言えるほどのものは創造しなかった」、と書いています(『呪われた中国人』一一六頁)。これは、大方の日本人の意表を突きます。なぜなら、学者専門家たちは、中国は、世界宗教、あるいは高等宗教、文明的普遍宗教のレベルに達した、儒教、道教、中国(漢訳)仏教を育てた、などと、我々日本人に長年の間、教えてきたからです。これらの三大宗教の研究でメシを食い、商売にしてきた学者の数は莫大なものです。これらの学者たちが、自分のメシのタネを悪く言うことはあり得ないのです。

「儒教は、もっぱら『古《いにしえ》』を貴しとする体制護持に便利な倫理学だし、道教は、現世利益を願う民衆の原始宗教に毛が生えたようなものだ。中国には神が存在しないだけに、合理主義で割り切りやすい。中国人は、死んだ人間を埋めて土中の虫ケラに食わせるより、食糧にするほうが有益だ、と考えるのである」(『呪われた中国人』一一六頁)。

「中国人には、人間を人間と思う意識が欠如している。支配者と被支配者、強い者と弱い者、という意識があるだけだ。だから、人間が人間を食うことに抵抗がなかったのである」(同書一一七頁)。

中国において、人間が人間を食うことに抵抗がなかった、というような命題は、我々日本人には信じ難いことですが、歴史的条件が違えば、それもあり得ることなのでしょう。中国に神が存在しない、ということの意味は、どんな人間でも(皇帝、王侯も、農民も)、神の前では平等である、という、キリスト教、イスラム教のような、普遍宗教の神が存在しない、ということでしょう。

公々然と誇示する食人文化の問題性に気づかぬ仏教をありがたがってどうする?

しかし、仏教はどんなことになったのでしょうか。中国は、五、六世紀前後、数百年をかけてインド仏教を輸入し、手に入る限りの仏典の全てを漢訳しました。中国人が仏教の中国化のために費やしたエネルギーは、相当なものです。日本は、六、七世紀以来、中国仏教を輸入しましたから、日本人の意識の中では、中国と仏教は、密接不可分に結びついているようです。そして、長い間、日本では中国についての学問的研究は、漢語を読むことの出来る学僧たちによって代行されていたのです。千年以上に亘って、日本仏教の学僧たちは、しかしながら、中国社会の実情について、ほんの少しでも、知る努力をしていたでしょうか。私には、そんな気配は、皆目、感じられないのです。

もし、ほんの少しでもそうした気持があれば、彼らが、仏教の広く普及しているはずの中国で、盛大に、公々然と誇示されている、食人文化の問題性に気づかない道理がないではありませんか。彼らは、盲目だ。いや、盲目である以上に、日本仏教の学僧たちには、心の目そのものが存在しない、といった方がよい。これでは、まるで取り柄がないではないか、ということになります。一生涯、数十年かけてひたすら漢籍仏典や、その他の漢籍の図書を研究していながら、彼らには、およそ仏教のイロハも実行できていない。これが、実情でしょう。私たちの持っている日本仏教の伝統は、かくも情けないものでしかないのです。

食人の事実をなかったことにする恥知らずな中国文明の学問奴隷＝学奴

不殺生《ふせっしょう》、慈悲《じひ》を説く仏教が、食人を肯定できる道理がない。にもかかわらず、中国仏教は、事実上食人を承認してしまった、と言わざるを得ない。あるいは、中国は、食人文化を肯定するように、仏教をつくり変えたわけです。これは、疑いようのない事実です。そして、千三百年もの間、ただの一人の日本の仏教僧も、学僧も、この単純明快な事実を批判していないではありませんか。驚くべき間抜けな人々です。この一事をもってしても、日本の仏教学僧や、中国専門の学者たちの愚鈍さ、あるいは、不誠実さが分かります。

元の時代、フビライ汗の宮廷に十七年間仕えたユダヤ人のマルコ・ポーロは、故郷のイタリア(ヴェネツィア)に帰ったあと、彼の『東方見聞録』が出版されました。この中に、福建《ふっけん》地方での食人の事実が記されています。

「この地方(福建)で特筆すべきことは、住民がどんな不潔なものでも食べることだ。人間の肉であっても、病死したものでなければ、平気で食べる。……兵士たちは、残忍きわまる。……この連中は、いつも人を殺して、血を飲み、肉を食おうと、スキをうかがっているのだ」

ところが、何と、この『東方見聞録』(平凡社刊)を訳出した、現代中国専門家の代表的学者の一人、愛宕松男《あたごまつお》という人物は、このマルコ・ポーロの記事について、「人肉をくらう習慣とは何かの誤解に相違ない」などといらぬ訳注をしているのだそうです(『呪われた中国人』一一五頁)。愛宕という学者について、私は、個人的に何の恨《うら》みも文句もありませんが、日本の中国専門家という人種が、どれほど愚劣で無知、恥知らずな事大《じだい》主義者、我が日本民族の中国観を誤らせてきた、中国文明の学問奴隷=学奴に過ぎない連中か、という命題の実例として、珍重《ちんちょう》するに値《あたい》します。この事大主義=学問奴隷根性は、昔の話であるどころか、いまの今に至るまで、延々と継承されているわけです。

中国仏教の最盛期の唐朝で、なぜ食人文化が花開いたのか？

中国仏教史を私は深くは知りませんが、表面《おもてづら》を見る限り、中国仏教は、幾度か、時の王朝によって、大規模な弾圧を加えられています。一番新しい弾圧が、中共・毛沢東政権下の文化大革命時のものでした。これは理解できます。仏教の精神は、中国の皇帝絶対専制と相容《あいい》れるはずがないからです。しかし、それなら、隋唐朝の前後に、中国が国家を挙げて仏教の輸入移植に努めた理由はどこにあるのか、それが分からない。色々な説明が与えられていますが、納得できるものはない。この問題は、タナ上げしておきましょう。唯一つ、はっきりしていることは、中国仏教の最盛期（ピーク）の一つ、と言い得る唐《とう》朝が、食人文化の花開いた時代でもある、という、歴然たる史実です。黄文雄氏は、『呪われた中国人』の中で、中国仏教について、ほとんど触れていませんが、日本人の一人としては、私は、ここが気になるのです。

頼まれもしないのに、中共の中華帝国主義支持に熱狂するのはなぜか？

中国と違ってチベットには、仏教の本当の精神が根付いたもののようです。ところが、困ったことに、中国は、「中華文明」に同化しない民族を、人間扱いしない、動物並みに扱う、やり切れない伝統を持っています。このことを、黄文雄氏は、「大統一主義」と称しています。

かつて、中共・毛沢東の文化大革命が荒れ狂い、日本では、「朝日新聞」を先頭に、日本のマスコミが「理想国家創造の壮大な実験」などと言って、文革礼讃の気狂いじみた大キャンペーンを繰り広げた頃、私は「毛皇帝」にも、文革にも、真正面から全面批判しました。その時、私の属していた小さな団体も、私一人を除き、毛沢東万歳熱に浮かれてしまったのです。それから、その当時、毛沢東万歳主義の理論家として、時代の寵児《ちょうじ》であった某氏（早大教授）と会談した時、私が、中共の少数民族弾圧政策を批判したところ、この某氏は、頭から湯気を出さんばかりの勢いで怒り出した（つまり、中共の政策を支持して）ことを記憶しています。日本人が、頼まれもしないのに、こんなに中共の中華帝国主義支持に熱狂するのは、どんな心理なのか。私には、分かりかねます。しかし、このような心理と、中国の食人文化を直視しようとしない頑迷な心理とは、どこかで結びついているに違いないのです。

留学僧、最澄・空海・道元の不見識、中国の食人の邪悪さを見ず、批判もなし

黄氏は、中国のもっともポピュラーな民話に、「満江紅《まんこうこう》」という歌があることを紹介しています。これは、金《きん》に対戦した南宋の英雄、岳飛《がくひ》が作詞したものだそうですが、この詩に、「胡《こ》虜《りょ》(胡人の捕虜）の肉を食らい、匈奴《きょうど》の血を飲む」という一節があり、この歌は、抗日戦争（一九三六〜一九四五年）でも、戦意高揚歌としてよく歌われた（『呪われた中国人』一一六頁）、とあります。『北夢瑣歌《ほくむさげん》』という昔の本には、四川地方の兵が雲南地方の「蛮人」を野獣のように狩って食べたこと、『唐国史補《とうこくしほ》』には、チベット人を捕獲して食べたこと、『宋史』には、ウイグ

ル人を捕えて食べたことが、嬉々として書かれている（同書一一六頁）。

台湾の作家、柏楊氏は、『中国人よ、お前はどんな呪いをかけられたのか』（学生社刊）、という本の中で、この問いに一つの仮説を提起しています。彼の答えは、八世紀、唐が中央アジアに派遣した軍隊の司令官、高仙芝《こうせんし》将軍が、タシケント城の国王と皇后を謀殺した事件、この時（西紀七五〇年）以降、このタシケント国の呪いがかけられたのだ、というのです。これは大変、興味のある新説を聞きました。

（注）柏楊氏は、台湾の国民党政府を批判したために、十年間、投獄されていた作家です。

中国は、ヨーロッパのシノロジー（シナ学）では理想の大帝国、最高至上の文明国

「人類学」は、この地球上の生物（一千万種とも、三千万種とも推定されている）の中の、一つの種としての人類を研究する学問です。人類を研究する方法には、自然科学的人類学もあり、文化的人類学もありますが、本書でも何度も指摘しているように、アメリカの学者マーヴィン・ハリス教授が生態学（エコロジー）的人類学という研究方法を案出して実行しています。同教授の著作の一部が日本語に訳出されているので、私も読んでみました（『ヒトはなぜヒトを食べたか』『食と文化の謎』『文化唯物論』『文化の謎を解く』など）。大いに学ぶべきところがありましたが、欠陥や不足しているところも多いようです。

その欠陥の一つは、エコロジー人類学の立場から食人を説明しているハリス教授が、「中国の食人」について、まったくの無知であることです。これによって見ると、欧米の学者には、中国食人史についての、ごく初歩的な常識も普及していないように見えます。

ヨーロッパ人の中国観は、十六世紀以降、キリスト教の宣教師が中国に来て、ヨーロッパに中国事情を紹介したことに始まるそうです。宣教師たちの書簡にもとづいて形成されたヨーロッパ人の中国（明と清の時代）イメージは、理想の大帝国、この地上の最高至上の文明国、ということになりました。

十八世紀後半には、大学、中庸《ちゅうよう》、論語がフランス語に翻訳され、そこに記述されている儒教の理想が、そのまま、中国の現実である、と錯覚されたのです。これが、ヨーロッパで成立したシノロジー（シナ学）ですから、見当違いもはなはだしい。しかし、一度、社会に流布したイメージを破壊して、新しいイメージを確立するには、最初の時の六十倍くらいのエネルギーを必要とする（城野宏著『中国学原理』三〇頁）、とも言われるので、おそらく、欧米人は今日でも、十七、八世紀にかたちづくられたシノロジー、東洋学のレベルから解放はされていないのかも知れません。

ハリス教授の生態人類学から見た聖牛と豚肉忌避説に一応納得

ハリス教授は、生態人類学の手法を用いて、欧米人には理解不可能な、インドの「聖牛崇拝」現象を説明しています。インドには、成熟した牡牛（耕作に使われる）が七千二百万頭、牝牛（ミルクを採る）が五千四百万頭いるそうですが、これらの牛の排出する糞は年間七億トン、そしてそのうち半分は肥料として用いられ、残りの大部分は燃料となる。それは、年間、二千七百万トンの灯油、三千五百万トンの石炭、六千八百万トンの木材を燃やした際の熱量に相当する。老衰して死んだ牛（年間二千万頭）の肉は、最下層のカーストの人々が食べる。

インドの牛のエネルギー効率は一七％であるのに対して、欧米の食用牛のエネルギー効率は四％足らずである（M・ハリス著、御堂岡潔訳、『文化の謎を解く』東京創元社刊、三四頁）。つまり、インド社会の生態学では、牛を絶対に殺さない、という聖牛崇拝（インド憲法にも規定されている）は、しごく合理的であり、不可欠のしきたりでもある、と説明されるのです。もしインドからこの牛のタブーを取り除けば、インド農村社会は名状《めいじょう》し難い大混乱のうちに崩壊するに違いない。このようにハリス教授は述べています。

次に、ユダヤ教徒、イスラム教徒、キリスト教徒（ただし、キリスト教は近代になって、かなり豚肉忌避《きひ》の色を薄めているようです）の豚肉嫌い（宗教的タブーでもあります）を、生態学的に説明できるでしょうか。ニューギニアと、南太平洋（メラネシア）の島の人々は、「熱狂的に豚肉を好む」ことが知られています。中国人も、豚肉が大好きです。こうして見ると、ここには、その土地の自然条件、生態学的条件の違いが反映されているらしいことに気づきます。

ハリス教授は、豚は、森や、川の土手に住み、その食べものは、果物、イモ、穀物など、人間と直接競合関係にあるし、牛、馬、羊のように、草だけでは生きていけない。また、聖書やコーランの舞台となった、暑くて乾燥した地域では、豚は適応できない。したがって、こうした土地で、豚肉を食べることを禁止とするのは、健全な生態学的な戦略と言える(『文化の謎を解く』四二頁)、と、ハリス教授は書いています。この結論も納得できる妥当な説と受け取れます。

「戦争カニバリズム」は首長制から国家への移行とともに急速に衰退

ハリス教授の生態人類学で、果たして、中国の食人文化、あるいは、それと関連する、不断の戦争と大殺戮の歴史は、うまく説明できるでしょうか。私には、確たる自信はないのですが、ともかく、この大問題に、何とか解答を出してみなければなりません。第一に、食人が中国三千年の歴史に、これほど普遍的に生起した現象であるからには、これは、よほど切羽《せっぱ》つまった、やむを得ない事情があってのことである、と見なければなりません。出来ることなら、人間同士、食い合いなどしたいはずがないのです。しかし、他に術《すべ》がなければ、やむを得ない。

してみると、中国の食人文化は、ほぼ三千年前からの、中国史の根幹を成す条件と結びついていた、と考えざるを得ません。三千年前、というと、殷《いん》から周《しゅう》に交代する頃です。つまり、金属器による農耕文明が黄河流域に拡大していく時代です。そもそも、中国の農耕文明の在り方の中に、食人を必然ならしめる要素が設定されていた、と考える他ないのです。これでは救いがないようにも見えますが、それが事実であるなら、認めないわけにもいかないでしょう。

ハリス教授は、戦争カニバリズム（戦争で捕虜とした敵の肉を食う）について、「首長制の社会発展段階までである。国家という政治組織形態が登場するとともに、戦争カニバリズムは、突然というかんじでおこなわれなくなる」（『食と文化の謎』三一三頁）、と書いています。

「首長制」は十八世紀頃まで南太平洋諸島に存在し、数千、数万人単位の社会を、一人の酋長が指揮統率するシステムです。人類の歴史では、狩猟採集経済の最終段階（原始農業の初期）に出現したものと推定されます。中国でもこの首長制の社会が出現し、やがて、夏《か》、殷《いん》の頃、国家に移行したわけですが、ハリス教授の理論に反して、中国では国家に移行しても、食人は急速に衰退するのではなく、そのまま維持され、食人文化として洗練された、と言わなければなりません。

中国の農耕文明の在り方（森林破壊と農地化）が食人を必然ならしめた

一体、いかなる理由で、中国の場合にのみ、こうなったのか。それは、次のように説明することが出来ます。黄河上中流を、金属器を使って農耕地にしてゆくと、結果はどうなるか。

① 森林が消える。
② 農地が増え、食糧が激増して、人口爆発が起きる。
③ 森林が減少するのに比例して、黄河が乱れる。

④大災害が続発し、食ってゆけなくなる。
⑤そこで、「開発」(森林破壊と農地化)を拡大する。
⑥①→④の過程が拡大再生産される。

つまり、中国の農耕文明は、未曾有《みぞう》の富の生産(天国)と、未曾有の大災害(地獄)が裏表になってかたちづくられるのです。極端なのです。そして、この古代中国式農業が、ヨーロッパのような天水農法でなく、主として黄河の水を引く灌漑《かんがい》農法であることに留意する必要があります。灌漑、といっても、ナイル河のように毎年、ほぼきまった時期に洪水を起こし、その洪水が上流から肥沃《ひよく》な土壌を運んで来てくれるわけではなく、もともと森林地帯であったところを開拓して農地にするので、この農業そのものが、危険な生態系破壊を前提としているのです。もし、古代中国の人々に、十分な知恵があって、農地を、何倍かの森林で囲むようにして、黄河流域の生態系破壊に、ある程度の自制を加えていれば、食人文化の発達、というような破《は》目《め》に陥らなかったかも知れません。しかし、あいにく、それだけの思慮が人々に備わっていなかったようです。周末、春秋戦国時代は、孔子を始め、諸子百家《しょしひゃっか》と言われる多くの思想家が現われた、中国史の最高の時代であったというのですが、私の知る限り、中国文明の根本的反省と、その修正を提唱した人はいなかったのではないでしょうか。

つまり、中国農耕文明の初期の指導層に、黄河流城の生態系の保存と永続的農業システムづくりの発想が欠如していたのです。この最初の欠陥が、修正されることなく、逆に、エスカレートするのみ、というのが、中国史三千年の主要な実績でしょう。「食人文化」は、この軌道上で、必然的な現象となった、と見なければなりません。

おそらく、地球人のつくった数ある国家、さらには大帝国の中で、ただ中華帝国のみが、食人文化を、国家の大黒柱の一つとして必要としたのです。中国は、人口と言い、生産力と言い、文化と言い、十八世紀までは、世界最大、最強の帝国、と評価されるほど、絢爛《けんらん》豪華な文明を誇っていたと同時に、大災害、大崩壊、大飢饉、大殺戮が不断に発生し、人口が一挙に半減する、という国でもあるのです。

これは、中国文明の原点である黄河流域の農耕のやり方、その在り方が、不完全で欠陥だらけ、生態的にきわめて不安定なものであった、と考えざるを得ないのです。このように生態学的に欠陥のある、無理なシステムを強行するためには、支配者層は、無茶苦茶な暴圧を、人民に加え続けなければならない。そして、この暴圧の一つの表現が、刑罰、復讐としての食人となるわけです。それのみでなく、周期的に頻発する大飢饉の時には、飢民の共食いによって、また、民衆を、軍隊の食糧にすることによって、切り抜けなければならない。

今の中国にも働いている食人文化を生み出さざるを得ない歴史的条件

魯迅は、確かに、中国の知識人、読書人階級の歴史で初めて、この食人文化と結びついた儒教を公然と批判し、弾劾しました。しかし、魯迅の批判は非常に浅く、狭い。彼は、最初の一撃を加えるに留まったのです。後続がない。ようやく、第二の波が、魯迅の『狂人日記』のあと、七十年も経った一九九一年、台湾の作家、黄文雄氏が、日本語で出版した著作なのです。一九九一年は、清朝が倒れて八十年になります。これによって、科挙と、纏足《てんそく》、宦官制は消滅し、食人も表面には見えなくなりました。その代わりに、「人口過剰問題」の悪夢が登場せざるを得ない。

中共政権は、当初、人口増はよいことだ、と錯覚して、生めよ、増やせよ、の政策を採用したので、あっという間に人口が三倍（十二億）になってしまいました。愕然《がくぜん》とした中共は、現在、一人っ子政策（子供は一人）を厳重に適用しています。中央政府の命令が厳格に守られている限り、ある程度それも行なわれるかも知れませんが、国家の秩序がガタガタしてくると、コントロールは利《き》かなくなる恐れがあります。清《しん》朝までの旧王朝体制下では、人口調節は、以下の要因でなされてきました。

① 戦乱による死
② 食人、共食いによる人口減
③ 飢饉による餓死
④ 魯迅の『阿Q正伝』の阿Qのように、一生、結婚できない（子供をつくらない）最底辺の

科挙の試問が行なわれる「貢院」。官僚支配の弊害が際立ち、世襲制による権力交代を重んじる日本では同様の制度は発展しなかった。

科挙の合格者発表（放榜）の図。科挙の制度は20世紀初めに終わりを告げたが、現代では代わって中国共産党幹部による強権政治が罷り通っている。

纏足された中国人少女。中国独特の女性美の観点だけでなく、股間の筋肉の発達による性交時の利点や、外出を制限して貞節を守らせるといった目的があった。

人々（人口の一～二割程度を占める）

⑤ 近隣諸国への移民

中共政権樹立後四十年、①と③による死亡は、数千万人、と推定されていますが、②の食人は、抑制されているようです。また、中共政府は、結婚年齢を高めるように指導しており、性欲を刺激するポルノ作品に対しては厳罰で臨む政策です。食人文化を生み出さざるを得なかった歴史的条件はそっくり、今の中国にも働いている、と言わなければなりません。

［第三章］

猛毒「食人中国」を超克する縄文・原日本

中国南北戦争を描いた近未来小説『黄禍』が現実となる日／「人禍」――二千万人の餓死者を出した中共政権下の悲惨な真相／食人現象が不可避的に出て来る根拠に土地（表土）の破壊／中国にはない、土地の神「社《しゃ》」と穀物の神「稷《しょく》」の史観／外来の器（儒教、キリスト教の韓国）と自生・自前の器（神道）の日本／日本は世界最高の精神的霊的物質的文明を育てた――「儒教の毒」を薬に変える

中国・中共体制の内部に蓄積された破壊エネルギーは莫大

中共政府内部の某氏が、ペンネームで『黄禍（イエロウ・ペリル）』、という近未来政治小説を書き、台湾とカナダで出版されたそうです。「アエラ」誌の紹介によると、そのあらすじは次のようなものでした。まず、中国沿海部が突出して工業化し、立ち遅れた内陸部との間で軋《あつ》轢《れき》が高まる。そしてついに、中国は南北に分裂する。世界的には、北は先進工業国、南は遅れた農業国、の代名詞ですが、中国では逆に、南が工業化し、北が遅れているのです。北京と広東の対立です。この争いは、ついに、中国軍の分裂となり、南北の内戦に発展します。初めのうちは北京軍優勢で進み、次に台湾が南の広東軍に加勢し、南軍優勢に変わる。立場が危うくなった北軍は、核兵器の使用を決意し、南軍拠点と、さらに台湾にも核ミサイルを発射する。中国の国家秩序が崩壊し、十二億の人々が難民となって世界中に拡がる。というところで、ストーリーは終わるのだそうです。

この小説の作者が、本当に中共・北京政府内の官僚の一人なのかどうか、確かめる方法もあるはずもなく、また、日本語に訳されていないのですが、私の直観では、これは本物でしょう。

中国・中共体制の内部に蓄積された破壊エネルギーは莫大です。この作者は、そのことをよく理解する立場にいます。

中国の人口過剰問題は、この小説では中国の国土の荒廃、内戦、戦乱と、餓死と、国外への移民によってひとまず解決されることになっています。ここで我々は、中国軍が核武装している事実に、改めて気づくのです。この核兵器が、中国にとっての仮想敵国（米国か、日本か、ロシアか、インドか、ベトナムか）に対してではなく、自国の内戦で、自国民に対して使われる、という想定もあり得る、とは、つらいところです。仮にも「人民解放軍」と呼ばれている軍隊が、こんなことになっては、とうてい、士気を維持することは出来ないでしょう。

化石燃料の登場で食人が表面から消えた

現在の中国が、十二億の人口を何とか持ちこたえているのは、六億トンの石炭と、一億トンの石油、という化石燃料の採掘のおかげです。清朝末期（二十世紀初め）には、その産出額は、いずれもゼロに等しかったのです。この石炭、石油がなければ、過去数十年の間に、中国の森林はゼロに近づき（現在、公称の森林率は一二％）、中国大陸の生態系は最終的な大破局に突入していたでしょう。つまり、清朝滅亡以降、食人が表面から消えた主要な理由は、化石燃料の登場にある、と断定できます。

石炭、石油の採掘とその利用は、中国土着の技術でなく、欧米、旧ソ連の技術（地質学、探鉱、採掘、輸送、燃料工学など）の輸入によって可能となりました。したがって、広い意味では、既に中国は、欧米の文明圏の中に取り込まれているのです。そのことによってのみ、かろうじて、経済運営を保障されているのです。しかし、この化石燃料の使用で、問題は生じないか、というと、これが大問題です。酸性雨のような環境破壊（酸性雨がひどくなれば、森林が枯れて死滅してゆくのですが）は、タナ上げしても、化石燃料はやがて埋蔵量の限界に到達します。この先、五百年も千年も採掘を続けることは出来ないのです。

森林の再生のため喫緊にすべきは、中華思想の否定とその真剣な反省

中国に、どのような政権が存在していようとも、今、中国の生態系を回復、蘇生させる、「千年の計」を立てねばならない秋《とき》なのです。これがうまく作用しなければ、『黄禍』が警告するような、中国史上、未だかつて見なかった新しいかたちの破局が避けられないでしょう。化石燃料が使えるうちに、中国は、森林の再生に、国家の総力を挙げなければならないのです。化石燃料を、そのために、活用しなければならないのです。とくに、黄河流域の緑化、森林造成こそ、最大の要点です。しかし、造林は、三年や五年でものになるものではなく、百年、二百年の時間を必要とします。この間、人々は耐乏生活と勤倹力行に努め、余剰のエネルギーをギリギリまで絞り出して、森林の復活に向けねばならないのです。

国家の路線がこのように定められるためには、中国の国民が、過去五千年の歴史を正しく総

括し、その教訓を学ぶことが必要です。つまり、一言でいえば、反省と、自己批判がなければなりません。そして、この自己批判を妨げている最大の障害が、黄文雄氏の指摘している中華思想なのです。魯迅が近代中国最大の作家（思想家）、と評価される理由は、もっぱら、彼がこの中華思想を否定して、過去三千年の、または五千年の中華文明に対する真剣な反省の口火を切ったところにあります。

人口爆発のボタンを押してしまった毛沢東大皇帝の中共政権

しかし、欧米勢力の侵入が、中国の大地に、また新しい重荷を与えました。つまり、阿片戦争の敗北以後、中国は、欧米の市場経済に組み込まれ、世界市場の一部に成ってしまったのです。ということは、十九世紀後半から二十世紀初めまでは、ユダヤのコントロールするロンドンの金融市場、そのあとはニューヨークとロンドンの両センターの意のままに操作される獲物にされたのです。

マルクス主義を奉ずる中共が政権を取ると、これがさらに悪い結果となるのです。マルクス主義＝共産主義は、ユダヤの世界支配の謀略の道具である、という説があります。その説の是非はともかくとして、マーヴィン・ハリス教授が『文化唯物論』の中で指摘しているように、マルクスの唯物史観には、人口論、あるいは、人口過剰の危機についての理論が欠けているのです。したがって、一応、マルクス主義の公式で教育された中共の幹部たちに、人口論（人口増抑制の必要についての理論）の視点が欠落するのは必然です。

中共政権が樹立されるや、土地革命なるものが行なわれ、土地を持たない貧農こそ革命の主体である、と煽動されました。前章で述べたように、旧王朝時代には、人口調節の五つのはけ口があり、その一つは、一生結婚できない極貧層の人々の存在です。中共は、この人々を、革命軍の兵隊に仕立て上げ、革命成功後は、地主の財産を没収してこの人々に分配しました。したがって、この層も結婚し、家庭を持ち、続々と子供を産み始めたのです。三千年の歴史で初めて、全ての人民に腹一杯食べさせる人民の政権が登場した、というわけで、鳴りもの入りで毛沢東が讃美されたのです。

つまり、中共政権は、旧時代の人口抑制の五つの要因を全てタナ上げした上で、人口爆発のボタンを押したのです。毛沢東は中国の救世主、これまで全ての王朝の英明な皇帝をはるかにしのぐ神のごとき大皇帝、いな、中国どころか、全世界の人民の救世主である、という風なものの言い方が、堂々とまかり通りました。中共政権初期に、人口抑制政策の必要を説いた某経済学者は、たちまちのうちに、毛皇帝の威信を傷つける不埒《ふらち》な右翼反動分子、ということで、粛清されました。私は一九五〇年代、六〇年代の日本のマスコミ界で（朝日新聞がそのトップですが）、洪水のようにあふれた「毛沢東＝中共讃歌」を、よく記憶しています。その背後で、何が起きていたのか、依然として、日本の世論は知らされていないのです。

鄧小平政権下「弱肉強食」「優勝劣敗」蔓延による格差拡大

鄧小平政権が出来て十年余、鄧氏の「経済的開放政策」で、中国民衆の間に、猛烈な拝金主義の風潮が瀰漫《びまん》した、と伝えられています。しかし、そうした社会風俗ではなくて、根本問題は、外資（海外華僑を含む）導入による、広東省などの工業の発展で、沿海工業地帯の所得が、内陸部の農民の所得の数十倍にもなってしまった、というところにあります。

中共政権は、農民の都会への移動を、原則的に禁止しています。これは、現政権の秩序を維持するためには絶対的条件でしょう。けれども、数千万、一億という人々が、職を探して、農村から沿海工業区に動きだすと、警察にはその流入を阻止する能力がないでしょう。さらに進むと、先進工業地帯が、北京の中央政府に税金を差し出すことに嫌気がさしてきて、南北の政治的行政的亀裂が大きくなるのです。南（例えば広東省）が、北京への服従を拒否した場合、北京の中共政府は軍隊の力で広東省政権（広東軍区の軍隊は、広東政府と緊密です）を屈服させられるでしょうか。事態は、ここまで来ているのです。

そして、前述の小説『黄禍』の主題は、ここから出発するわけです。西側資本主義の市場経済の基本論理は、「弱肉強食」であり、「優勝劣敗」です。富んだものはますます富み、貧しいものはますます貧しくなる。これは、資本主義の鉄則です。中国の一部に、資本主義市場経済が成立した以上、この弱肉強食の法則が貫徹してゆくのは、理の当然です。そして、これがい

米中科学技術協力協定に署名する鄧小平とカーター元大統領（1979年1月）。中国はアメリカの先端技術を導入し、改革開放政策で市場主義経済に突き進んだ結果、極度の拝金主義と格差社会が現出した。

ま、中国という、一つの国家の内部で生じているのです。

北京対広東の南北戦争、中共政権の自壊、一億人の難民？

中共政権の四十年間、北京の中央政府は、欧米ユダヤ財閥が上海に残した経済力の遺産を接収し、それを食いつぶして、政権の面子《めんつ》を保ってきた、と言われます。それゆえ、毛沢東時代から、中共は、上海の管理、支配に、神経を集中してきました。いま、広東省が、上海に拮抗《きっこう》する近代工業センターとして成長したのですが、北京と広東は遠い。南と北の利害が衝突して、ついに、内戦になるかも知れない。この可能性が、多分、中共政権の内部で、密かに語られているのかも知れない。『黄禍』のような小説が出てくる根拠は十分に存在するのです。

中共政権の某首脳が、最近、現在の中国の国家体制が崩壊したら、一億から二億の人間が東南アジアにあふれ出すが、それでもいいのか、と発言したと伝えられています。この首脳の言わんとすることは、天安門事件を云々しての、中国への経済的締め付けをやめよ、ということでしょう。

台湾では、台湾独立運動が勢いづいていますが、中共政権はしばしば、武力を使ってでも、台湾独立は許さない、と言明しています。鄧小平の実権が失われたあと、ひょっとしたら、ポスト鄧小平のあとに、軍部の発言権の強い保守派の政権が出て来るかも知れない、そして、この政権は、台湾に対して戦争を仕掛けるかも知れない、と噂されているそうです。

私は、中共と台湾の軍事力の内実をよく知りませんが、中共に、台湾上陸作戦をする力があるとも思えないし、アメリカ第七艦隊が中共の台湾占領を無視するとも考えられない。むしろ、そのような北京の企図は、中共政権の自壊の糸口となる可能性の方が強い。十二億の民に対する北京中央政権の統括力は、非常に弱体化しています。だから、厳しい一人っ子政策にもかかわらず、ヤミで（非合法に）生まれた子供（つまり戸籍がない）の数が一億とも伝えられます。中国の大地と民衆に待ち受ける動乱は、果たしてどんなかたちをとることになるのか。これは、我々日本民族にとって、二十一世紀の最大問題の一つなのです。

一九五八年〜六〇年の、毛沢東「大躍進政策」で二千万人の農民が餓死

希望を抱かせるとても良いニュースを、新聞で読みました。それは「よみがえれ、黄土高原の緑／日中共同研究、雑草育て、洪水防ぐ」（毎日新聞、一九九一年十一月四日付）という記事です。不毛の地となっている黄河中流の黄土高原（五十八万平方キロメートル）に、雑草を育て、緑緑化する実験が、来春から始まる、というのです。この動きが伸びてゆけば、この地帯全域に、まず草が根付きます。第二段階で、植樹となり、第三段階で、森林の復活となります。しかし、ここまでゆくには、少なくとも百年間、中国政府が、この政策を堅持する必要があります。

現代日本人は、過去の中国のみならず、現代の中国についてもまったき無知（無知より悪い、というべきか）の状態に置かれています。その責任は、朝日新聞を中心としたマスコミにあり

ます。その一例が、一九五八年〜六〇年の、毛沢東のいわゆる「大躍進政策」の真相が、日本国民から、完璧に隠蔽《いんぺい》されていることでしょう。毛沢東、中共政権のこの誤った政策によって、この三年間に、少なくとも、二千万人の農民が餓死した、と言われていますが、最近、中国の学者、丁抒《ていじょ》氏の『人禍　一九五八〜一九六二——餓死者2000万人の狂気』(森幹夫訳、学陽書房刊、一九九一年)という、詳細な研究書が発行されました。

私は、既にこの「大躍進政策」(一九五八〜六〇年)の当時に、そのバカらしさを痛烈に批判していましたから、それほどびっくりもしませんが、それにしても、この『人禍』を読んで、中国の民衆の悲運に同情の念がふつふつと沸いてきました。中共政権の掌握する倉庫には、十分な穀物が貯蔵されていた。そして、中共政権は、農民から、徹底的に食糧を収奪した。一九五九年から六〇年にかけて、倉庫に穀物がたっぷりありながら、二千万の農民がおとなしく、餓死していったのです。

甘粛省定西地区では、百万人が餓死し、死人の肉を食い、生きている自分の子供を食べた例も報告されています(『人禍』二三二頁)。農民が餓死(それも、一人や二人ではない)しているこんな時に、政権を担当していた共産党は、何をしていたのだろうか。「彼らは完全に野獣の群れと化しており、食料を差し出せなかった女性の衣服をはぎとって丸裸にしたうえ、陰毛をひもでしばって外に連れ出し、引きずり回して、さらし者にした」(『人禍』二三三頁)

私には、なぜ、我々日本人が、これほどの中共政権下の悲惨な真相に目をふさいでいられたのか、あるいは、真相を覆《おお》い隠しているマスコミや御用《ごよう》学者、評論家たちの明白な「犯罪」が、そのまま許されてしまうのか、理解し難いのです。毛沢東の引き起こした、この「大躍進」の三年間になされた体制の犯罪は、過去一千年間になされた中国歴代王朝の愚行の全てを合わせたものよりも大きい、と、丁氏は述べています。

私には、この丁氏の説は、正当だと思えます。しかし、それは一体、なぜ？　その責任は、誰が負わねばならないのか？　月刊「宝石」一九九一年十二月号に「米を売らない農民たち」(香港「月刊九〇年代」誌、朱暁陽)という、興味深いレポートが掲載されています。米を売らないとは、「農民が都市部の人々に宣戦布告した」、という意味だそうです。「今度飢饉になったら一九六〇年の大飢饉の時とは違って死ぬのは町の人だ、と農民は思っている。六〇年は穀物を全て都市に持って行かれ、農民は食べるものに事欠き、二千万人近い餓死者の大多数が農民だったのだ」(月刊「宝石」一九九一年十二月号、三〇五頁)

中国の農民は、三十余年前の仕返しを考えている。中国科学院の「国情分析小委員会」のメンバー、胡鞍銅氏らの意見によると、中国の人口は二〇〇〇年に十三億を突破(うち、農村は十億)、そして農村の潜在失業者は三億〜三億五千万人となる(前掲誌、三一〇頁)そうです。まさに、戦慄すべき状態です。中国民衆の前に待ち受ける悲惨な運命を想うと、暗澹《あんたん》たる気持ちにならざるを得ません。

「人禍」の激烈さは、ユダヤ的マルクス主義思想によって増強された

三千年の中国史では、農耕文明の破局が来ると、北と東から騎馬民族が襲来して、新しい征服王朝（元や清のように）が樹立されたのですが、清朝が倒れる時は、このパターンは既に効力を失っていました。中国は、ユダヤ、欧米列強に、組み伏せられたのです。中共政権も、ユダヤ、欧米白人の世界征服イデオロギー（あるいは、自然征服と、家畜制度の論理を究極まで煮つめたイデオロギー）の一種としての、マルクス主義を奉じている限り、このユダヤ、欧米の構造に組み込まれている、と見なければなりません。一九五八～六〇年の『人禍』（英訳版では『ア・ディザスター・ユーズド・バイ・ヒューマン・ネグレクト』と訳されています）の激烈さは、中国の伝統の上にユダヤ的マルクス主義思想がつみ重ねられ、それによって増強された、という事実で説明できます。

したがって、中国で食人を生み出した条件は、一九一二年の中華民国建国、一九四九年の中華人民共和国建国以降も、解消されることなく、むしろ、外から持ち込まれたユダヤ、欧米の影響によって、途轍《とてつ》もなく、悪化の一途をたどっていると、私には見えます。ユダヤ、欧米の自然強奪文明は、病みおとろえた中国の生態系に、さらに、致命的な打撃を与え続けているのです。二十一世紀には、全中国の七〇％の淡水資源が汚染され使用不可能になる」（前掲誌、三一一頁）と、前出の中国科学院の学者たちは予想しているそうです。

つまり、この八十年の中国史は、ユダヤ・欧米文明の支配下に置かれたために、過去数千年の農耕文明による生態系破壊の全てをひっくるめたよりも、何千倍もひどい破壊をしてしまったのです。毛沢東自身が「大躍進禍」の起点となった、大製鉄・製鋼運動で生じた破壊は「秦の始皇帝を一千倍も越える」（中共第八期第二回会議）、と述べたそうです（『人禍』五二頁）。私は、一千倍どころではなく、一千万倍ではないか、と評価したい。中国人民が、まず、何よりも前に、この惨憺《さんたん》たる現実を正視することから始めることが出来ればよいのですが。

現在地球を支配している普遍的力はユダヤ、ロスチャイルド財閥が握るドル紙幣

ここで、我々は、現在地球を支配している一つの普遍的（と自称する）文明が、ユダヤ・欧米白人文明である、という自明の事実を、改めてふり返って見る必要があります。普遍的、という言葉は、超民族的、超国家的、超人種的に、全ての人々に、全ての地域に適用され得る、という意味を持っています。ローマ法王庁のキリスト教は、カトリック（普遍）教会、と称していますが、その根拠は、その教え（その内容は、旧教、新教の聖書で示される）が、人類全てに布教されねばならない、というところにあります。しかし、現在、地球に普遍的に行なわれている文明は、このカトリック教会の指導するものとは言えません。

今、地球を覆っているのは、①近代欧米科学と、②貨幣市場経済です。さらに考えると、①の科学も、貨幣＝商業の道具として機能していますから、結局は、現代文明の普遍性は、お

金《かね》＝商業＝金融である、と言えるでしょう。我々のお金は、日本銀行の発行する紙幣です。この「銀行券」というシロモノは、よく考えると、はなはだしく奇怪な化け物なのです。これを発明したのは、ユダヤの商人です。そしてそれが、近代（十三、四世紀以後）のヨーロッパで、キリスト教社会に徐々に受け入れられ、十九世紀初頭に、ロスチャイルドを中心とするユダヤの金融資本家が牛耳《ぎゅうじ》る、イングランド銀行の発行するポンド、スターリング紙幣が、事実上、全世界に通用することになったのです。

今では、アメリカのＦＲＢ（連邦準備制度）の発行するドル紙幣が世界貨幣の役割を果たしています。つまり、事実問題として、アメリカのドル札が、世界を動かしているわけです。そして、このドル札を発行する機関、ＦＲＢは、ユダヤ・ロスチャイルド財閥が握っていると言われています。

貪欲と、それを級数的に膨張させるお金万能システムで人類は自滅

お金があれば何でも買える、というシステム、これが、いま、全世界に流通している普遍的文明の核心です。ここには、きわめて危険な罠《わな》が仕掛けられています。その罠に全人類がはまり込み、間もなく、自滅してゆくのです。

毎日新聞（一九九一年十月十六日）夕刊のコラム（「憂楽帳」）に、「破局のシナリオ」（ジオカタストロフィー）が紹介されていました。これは、九十九年後（二〇九〇年）に人類が滅亡して

ゆくまでのシナリオです。このシナリオの作成には、東大理学部助手の天文学者、松井孝典理博、作曲家の三枝成彰氏などが参加しているそうです。人類がこのままの姿勢で行けば、必ずそうなる、というわけです。このまま、というのですが、その本意はなにか、と言えば、それは、人類の貪欲《どんよく》と、それを級数的に膨張させるお金万能システムでしょう。右のシナリオは、九十九年間（一九九二〜二〇九〇年）を三十三年ごとの、三つの時期に分けています。今年生まれた赤ん坊の世代と、その子供たちの世代、その孫たちの世代、そして、いまこの地上に生きている人々、この世代が、三百万年の人類の歴史の幕引きをする運命のようにも見えます。人類が地上から姿を消したあと、地球の生態系は短期間に再生すると、右のレポートは結論しています。

人類を究極的破滅へ導くユダヤ禍の視点で「中国食人史」を捉えよ

事ここに至るには、三百万年の間、無数の因縁《いんねん》が蓄積されているわけですが、しかし、この自滅への過程の引き金を引いたのは、ユダヤ教＝ユダヤ民族なのです。そして、このユダヤ文明が、いま全人類を動かして、究極的破滅へと導いているのです。したがって、このユダヤ教の正体を見きわめ、それを超克《ちょうこく》できなければ、近い将来、人類の滅亡は確定的です。もちろん、我々日本人は、ユダヤ教徒ではないし、ユダヤ教の何たるかを、何も意識してはいないでしょう。しかし、

①銀行券
②株式
③小切手
④手形
⑤その他の有価証券
⑥株式取引所
⑦広告つきのマスコミ
⑧デパート
⑨スポーツ
⑩ポルノ産業
⑪テレビ
⑫ノイマン型コンピューター

その他、いくらでも続きますが、これらのものは全て、ユダヤ文明の産物です。我々の日常生活が、既に、ことごとく、ユダヤ化されてしまっているのです。マルクス主義、共産党もユダヤの産物の一つですが、中国に、このユダヤ禍が入ることによって、五千年の農耕文明による自然破壊の全てを合わせたよりも、はるかに驚異的な自然破壊が、僅か数十年のうちに引き起こされるに至ったのです。したがって、本書も、この視点によって深めてゆく必要が生じてきました。

無神経に、無理無体に表土を破壊して、てんとして恥じない中国文明

中国人が、一万年に亘ってないがしろにしてきたのが、「土壌を保全すべし」「表土を大切にしなければならない」ということだったのではないでしょうか。日本民族は、二千年もの間、中国文明の影響下にあり、中国を文明の本家として立ててきましたが、我々は、中国から、土壌の保全、という学説、忠告、教えを、受けた覚えがありません。ここに、中国文明の最も致命的な欠陥（無神経に、無理無体に表土を破壊して、てんとして恥じない姿勢）があり、また、日本民族が、決して中国から受け入れてはならない悪弊《あくへい》が存在する、と私は見ています。事実、日本民族は、無意識的にそれを拒否してきたにもかかわらず、千数百年来、日本の中国問題専門家、学者たち（中国研究で、日本民族からメシを食わせて頂いている人々）は、本家の中国文明の学問奴隷に成り下がり、この核心中の核心を隠蔽して、今日に至っているのです。

この種の、盲目的中国崇拝病は、遺憾ながら、日本民族の中に深く浸透しており、日本人の精神的目覚めを妨害しているのです。例えば、東洋文明を高唱して、ユダヤ欧米文明克服の道を提起した、桜沢如一氏のような人物でさえ、中国崇拝症から脱却していないのです。故桜沢氏は、老子を最高に評価し、自ら現代の老子たらん、と志《こころざ》したそうです。しかし、老子は、そして彼を開祖として仰ぐ、後世の道教は、肝腎要《かんじんかなめ》の、中国大陸の崩れゆく（より正確に言えば、

中国人によって破壊されてゆく）表土をどう保全すべきか、という大問題について一言もないではありませんか。

現代の西洋科学者は、「表土」または「土壌」（トップ、ソイル）について、ある種の研究を行ないました。彼らによると、表土は、せいぜい地表一メートル、ところによっては十センチか二十センチメートルに過ぎないが、実は、ただそれだけが地球の全動植物の「いのち綱」だったのです。植物は、この表土によっていのちを全うし、繁茂することが出来る。したがって、植物に変生《へんせい》していのちをつないでいる陸上の全動物の存在が、この表土に依存しているのです。

原始地球の地表（岩石）を、三十億年も微生物が消化して出来た宝物が表土

それでは、これほど貴重な表土は、永遠の昔から存在していたのか、というと、とんでもない。それは、原始地球の地表（岩石）を、三十億年もかかって、微生物が消化して、初めて出来上がった宝物だったのです。つまり、現代の陸上の全動植物の親は、これらの微生物たちであったのです。

呉智英という、軽薄を絵に描いたようなバカが、数年前、私の『家畜制度全廃論序説』という著作に文句をつけたことがありました。このアホは、太田の論法ではそのうち、「微生物解放」、などというバカげたことまで言い出すことになるだろう、などと書いて、私を批判したつもりのようでした。「微生物」――それは、いま、私たち一人一人のお腹の中に、百兆匹も

生きており、彼らのおかげで私たちの血液がつくられる、のみならず、人類を含む全陸上生物が依存している表土の生みの親である、ということぐらい、勉強したらどうなんでしょう。

農耕文明の猛毒を浄化する万有宿神の汎神論を唯一、日本は堅持してきた

この表土の地層を、実は、全ての農耕文明は、崩壊させる（海に押し流す）のです。農耕文明は、表土にとって、したがってまた、表土によって生かされている全ての陸上生物にとって、危険きわまりない存在だったのです。農耕の上に文化文明を発達させた全ての民族にとって、この事実、この危険を認識する（及び自己反省する）こと以上に重大な学問上の課題があるでしょうか？

このテーマを、宗教問題としてとらえ直すと、どんなことになるでしょうか。

私は、人類の宗教は、汎神論↓多神教↓一神教、という順序で、転落し、堕落しつつある、という有賀成可《ありがせいか》氏の説をここで復活させる必要があると思います。今から、六十年以上も前に出版された『赤化思想之根源』（世界思想研究会刊、昭和四年）という、七百頁に及ぶ大著で、有賀氏は、汎神論こそ、人類の到達した最高の水準の宗教であって、多神教、一神教は、このレベルからの堕落である、特にユダヤ、ヘブライの一神教は、天地自然の道を外れた、最悪の堕落形態である、と述べているのです。

汎神論とは、一言で要約すれば、万有に神が宿る、万有宿神という信仰であるとなるでしょ

う。この信仰を抱いている限り、人間は、山川草木《さんせんそうもく》、この世の生きとし生ける全てのものを尊敬し、尊重しなければならず、人間がこの地上を我がもの顔に独り占めすれば天罰が当たる(したがってそんなことをしてはならない)、ということになります。少なくとも、徳川時代までの日本には、この汎神論が、民族の宗教として堅持されていた、と評価できます。日本民族は、二千年に及ぶ農耕文明を続けながら、なお、汎神論を維持したわけです。これは、人類史に稀有のことであり、日本列島以外に、まったく見ることが出来ません。

「ご先祖さま」には土地、そこに生きた全ての生物の霊が含まれている

日本民族の汎神論のかたちは、①天照大神を祭る伊勢皇大神宮と、②その土地土地の産土神《うぶすながみ》を祭る、村の神々、この二つが組み合わされたもののようです。伊勢神宮は、太陽神を、産土神社は、その土地の神々、すなわち、大地(土壌、表土、おつちさま)、山川草木、鳥、獣、虫に至る全ての神々を、祭るのです。人間は、数千年来、この天地の間に住まわせて頂き、あの世へ去った先祖たちの霊は、その土地の生きとし生ける全てのものの霊と一つにとけ合うものとされるのです。我々、日本民族が、「ご先祖さま」という時、必ずしもはっきりと自覚はされていないとしても、そこには、直接の家系の祖先の霊のみでなく、その土地、及びそこに生きた全ての生物の霊が、暗黙のうちに含まれていたように、私には思えます。

農業そのものに土地を独占、他の生きものを排除（駆除）する論理が内包

しかし、農耕経済が長期に亘って継続すると、この汎神論を支える根拠がぐらついてこざるを得ません。それは、農業そのものの中に、人間が、その土地を独占して、他の生きものを排除（駆除）してゆく論理が内包されているからです。ここに、汎神論が衰えて、多神教に堕落する原因があるのです。

多神教、の「多」とはいっても、実体は、二十か三十の神々ですから、万物・万有、に比べるなら、極端に少ない数に減るわけです。つまり、この二、三十の神々（によって表現されるもの）以外の万物万有は、神の座から追放されることになります。それ故、これを、「多」神教、と名付けることは出来ないのです。「多」神教ではなくて、優越的立場にある、いくつかの神々と、それに従属する下位の若干の神々によって成り立つ宗教、というのが正確な表現でしょう。

アメリカの学者、カーターと、デール共著になる『土と文明』（日本語訳は、家の光協会刊、一九七五年）は、人類の農耕文明がいかに土壌を破壊して、自ら文明の土台を崩壊させてきたかを詳細に論証した名著ですが、ここに扱われているのは、主として、北アフリカ、地中海、メソポタミア、ヨーロッパ、アメリカであって、中国は僅か二、三頁、触れられているだけです（同書二二五〜二二七頁）。カーターとデールは、中国では、土地と文明双方の衰退が、ヨーロッ

パより千年くらい早くから進んでいた、と述べています。

そして、「全ての土地と水の資源が既知の最善の方法で開発され、保全されるならば、中国には現在の人口をはるかに高い生活水準で維持するだけの生産的な土地が残されている」(同書二二七頁)、とも記しています。これは正論でしょう。「土地が保全されるならば……」、という条件が必要なのです。そして、この「土地保全」は、単に、いくばくかの政府予算をそれにつければよいというものではないのです。そういうレベルで解決する程度の問題ではないのです。魯迅から始まり、現代の柏楊、黄文雄、孫観漢氏らに至る、中国文明への自己批判の言論を見ても、土地(土壌)の保全(あるいは、過去三千年に亘って、中国文明が土壌を痛めつけてきたことへの自覚)というテーマが出てこないのです。黄文雄氏は、「食人」が、中国史の根本特徴の一つである、と指摘しました。これはまったく正論であり、正当な説ですが、この食人現象が不可避的に出て来る根拠としての、土地(表土)の破壊、あるいは崩壊、というテーマが、黄氏には未だ見えていないようです。

ユダヤ欧米文明に魂を奪われて「おつちさま」の掠奪破壊に励む日本

しかし、今や、この表土の崩壊は、日本列島にとって、他人事ではなくなりました。日本民族は、二千年の間、表土保存に最大の関心を払いながら農耕文明を築き上げてきたにもかかわらず、明治以降、ユダヤ欧米文明の掠奪破壊文明に魂を奪われて、我と我が身で、「おつちさま」の掠奪破壊にのめり込んでしまったのです。その（日本列島生態系の大虐殺の）責任の重要な一部を、学界（アカデミズム）が負わねばなりません。なぜなら、まず千年以上に亘って、中国研究の専門学者（仏教学僧を含む）たちは、中華文明の宗家の中国において、実は、戦慄《せんりつ》すべき土壌崩壊が進行しており、我が日本は、決してその真似をしてはならず、その前例を見て自戒しなければならない、と、日本人に警告する（教育する）義務があったにもかかわらず、それをしてこなかったからです。

ましてや明治以降、とりわけ敗戦後は、アメリカに魂を売り渡した売国奴的学問奴隷の大群が、「アメリカ国民がどの古代国民よりも収奪する（収奪し得る）広大な沃土《よくど》を有し、より進んだ手段と機械によって、一層早く天然資源を収奪した」（『土と文明』二五〇頁）、という事実を、日本国民に対して隠蔽するという、日本民族（そして日本列島の地霊）に対する大反逆の罪を犯してきたからです。

有賀氏の説、すなわち、人類は、汎神論──→多神教──→一神教へと転落、堕落した、という説を、私はさらに、一神教──→人間至上主義的無神論（唯一神を殺し、その座に、人間が就く）──→現代ユダヤ文明の制覇、という図式で補充したいと思います。この図式と対比して見ると、日本民族は、どうしてもこれに当てはまらない、と言わざるを得ません。日本列島の住民の宗教観を、無理に時系列で図式にしてみると、

汎神論――――→現在
多神教――――→現在
一神教――――→現在
無神論――――→現在
ユダヤ化――→現在

というようになります。しかし、我々は、日本民族の精神の土台をなしている汎神論を、はっきりと自覚できないために、ユダヤに国を売る売国奴的学者の大軍団が、この汎神論を抹殺するのを、手をこまねいて見ている他ない状態を続けているのです。

祭祀、教育、司法など自治権が健在の「小字《こあざ》」こそ、日本民族の国家観の土台

社稷《しゃしょく》、という、重要な意味を持つ言葉は、戦後の日本ではほとんど死語となりました。

「社」は、土地の神、「稷」は、穀物の神を意味します。古代中国では、ごく小さな国の守護神の意として用いられていたようです。日本では徳川幕府が儒教を重んじる政策をとってから、漢学者を通じて、この言葉も、広く流通するようになったと見えます。

しかし、バカで無知な、中国学者の書き散らす通俗の中国史（したがって教科書）で白痴状態にされてしまっている我々日本国民は、中国と日本の国家と社会の成り立ちの初歩からして、

錯覚してしまっているのです。中国国家の原型は、城壁で囲まれた都市国家です。日本列島には、未だかつて、このような都市国家は成立したことがないのです。奈良や京都が、唐の都を模擬してつくられた、などとよく言われますが、それは違います。奈良にも京都にも、城壁がないではありませんか。京都の天皇の御所《ごしょ》は、中国やメソポタミアの王たちの宮殿に比べれば、無防備に等しい。戦国時代に、武士階級は城をつくり始めましたが、この城は藩主の居住と、行政機関、軍事施設を収容するもので、ごく限定された規模のものでしかありません。

日本民族の国家観の原点は、都市国家ではなくて、産土神《うぶすながみ》なのです。神社は、江戸時代に、約二十万社、と言われ、そのほとんどが小字《こあざ》ごとに維持される産土神社です。「小字」、というのは、〇〇村大字《おおあざ》□□小字△△、と用いられ、かつては日本全国がこの小字（三十戸か、五十戸くらいで構成される）の集合体であったのです。都市化とともに、この小字が姿を消しつつありますが、なお、かたちを変えて、ユダヤ欧米的近代型組織の中での小集団として生きているとも言えます。この「小字」こそ、日本民族の伝統的国家観の土台となってきた、と私には思われます。

縄文時代から産土神さま（動植物、山川、全てのいのち）を祭ってきた

日本の神社は、氏神さまと、産土神さまと、二つの系統から成り立っています。氏神さまは、文字どおり、祖先を神として祭った神社であり、産土神は、部落社会と、その生活圏の土地の

神々、動植物、山川、全ての生きとし生けるものたちの神社、と言えるでしょう。つまり、日本人は、縄文時代の昔から、人間のみでなく、全ての生類《しょうるい》、そして土地の神々を、お祭りして生きてきたのです。したがって、この基礎の上につくられた国家も、人間とその財産のみの国家ではなくて、「神国」として認識されたのです。国は、人間と、大自然を包括するものとして存在するのであり、国を統括するもののもっとも大切なしごとは、神々を祭る、祭祀とされてきたのです。

城内の将兵と住民の全てを殺戮し、財宝を掠奪する「屠城」が中国

しかし、中国では、国家の成り立ちが異質です。農耕社会に対して、不断に、遊牧牧畜民族が掠奪戦争を仕掛けてきます。したがって、農耕社会は、出来るだけ城壁を広く押し出して防衛しなければなりません。そしてその防壁の一番外側が、万里の長城です。「屠城《とじょう》」、という言葉が中国にはあるそうですが、これは、日本人には理解し難い。

ある都市（城壁で囲まれた）が敵軍に囲まれた時、攻撃軍がまず、降伏勧告を行なう。その城の大将が降伏を拒否すれば、攻撃軍は屠城に出るのです。「屠城」の意味は、この城を攻め落としたあと、その城内の将兵と住民の全てを殺戮し、また、財宝を掠奪する当然の権利を有する、ということのようです。これは、三千年の中国史で、日常茶飯のように行なわれてきたもののようです。こうした「城」の一番下のレベルは、「県城」でしょうが、さらにその下のレ

ベルでは、村ごとに、防壁をつくり、自衛のための、ある程度の地主や豪農の私兵団が存在したわけです。

中国史がこのように展開してくるにつれて、「社稷」は、その存在感が薄れてくるのは必然です。中国人がつくり出したシステムは、血縁のつながりです。この中国式の血縁組織は、日本の祖先崇拝、氏神さまのお祭りと、ほとんど似ても似つかないものです。中国では、人と人とのつながりに抽象化されているのに対し、日本では、氏神さまの祭りは、産土神信仰と緊密に結びついているのです。産土神は、城壁の中に閉じ込められるような性質のものではないのです。

「社稷《しゃしょく》自治」が滅びると、低劣な劣情の独裁する飢餓の国が出現する

明治、大正、昭和初期と生きた制度学者、権藤成卿《ごんどうせいきょう》は、『自治民範』という著作の中で、「社稷自治」が日本の国体の基本である（べきである）、と述べています。その意味するところは、「小字」単位の村落に、祭祀、教育、司法、その他の自治権が健在であった時代こそ、日本の本来の国家の在り方である、というもののようです。

昭和初期、青年将校らを中心に、昭和維新のうねりが起きましたが、彼らのよく歌った歌の中に、社稷がいま滅びようとしている、という句があります。数千年に亘って日本列島に維持されてきた神国が滅亡に瀕している、と、彼らは認識したのです。神国が滅亡して何が出現す

るかといえば、それは、ユダヤの仕掛けた謀略による、金権亡者《もうじゃ》の国です。

神を殺した、人間の低劣な劣情の独裁する飢餓の国が出現するのです。社稷が滅びるとは、産土の神が、ユダヤ的強欲の塊《かたまり》と化した醜い非日本人化した日本人（四十歳以下の日本人のほとんど全てが、このような反日本人に教育されてしまっている、と、私には見えます）によって殺害される、ということです。

「日本の祖神は、黙々の間に宇宙を善化し美化する事を教えている」

日本民族の国家観（国是、国の基本方針）は、「大祓《おおはらい》」の祝詞《のりと》に表現されていると考えられます。この「大祓」は、「人間だけ平和幸福になろうとしても、決して出来るものではありません。……人間だけ平和であるということは、元来あり得ない事であります」（今泉定助述『大祓講義』山雅房刊、一一二～一一三頁）、と教えているそうです。

さらに、「人間の乱倫《らんりん》が元となって世の中が乱れて来る、人間の腐敗が一番元である、……古今一体の宇宙間を挙げて悪くして了《しま》うというのは、皆人間が元で斯《そ》うなるのである」（同書一二六頁）、と説いているのだそうです。「日本の祖神は、黙々の間に宇宙を善化し美化する事を教えている」（同書一五一頁）、とも言われます。「大祓」は、神社神道の根幹をなす行事でしょうから、少なくとも、江戸時代までは、我が国の津々浦々まで、二十万社の産土神社に至るまで、右のような精神が根を張っていたと推定できます。

こうした民族精神（大和心とも、大和観とも呼ばれます）は、ユダヤ・アメリカ占領体制（一部は、ユダヤ共産主義占領体制）の継続している今日でも、なお、地下水脈で流れ続けているようにも見えます。加藤善之氏は、喫茶店やレストランで、客として、誤ってコップを落として割ってしまった場合はどうするか、という問題からいろいろな国の国民性、民族性を検証しています（同氏著『浮上する大和心』徳間書店刊）。

日本人は、百人中百人まで、「すみません」と、店員、店主に謝る、と答えるそうです。しかし、これは日本人だけの話であって、他の民族、他の国では、決して客が謝る（↓自分の非を認める↓必然的に、莫大な損害賠償を要求される）ことはない。これは自分の責任ではない、という理屈を言い立てるのだそうです。この相異の背景説明は、加藤氏が詳しく述べていますから、そちらに譲るとして、今まで維持されてきた日本人の民族的美点が、ユダヤ、アメリカ（旧ソ連共産主義）占領体制下で、どうやら、壊滅の道に入ろうとしているようです。つまり、日本人の「伝統的国家観」が、明治以降百数十年、ユダヤの毒が国家の教育によって導入された結果、若い世代の方から、消滅し始めたらしいのです。

日中離間工作を画策するユダヤ地下世界政府

歴史的、生態学的条件（因縁《いんねん》）の結果、中国大陸と日本列島には、系統の極端に異なる文化と文明が成立してしまいました。この異質性は、薄まるどころか、ますます拡大する一方です。

にもかかわらず、日本の中国問題専門家と、政府、民間の中国関係者たちには、この重大事態に対する切迫した危機感というものが皆無です。日本と中国の、この緊張関係を、世界制覇の陰謀をたくらんでいる、ユダヤ地下世界政府が、利用しない道理はないのです。日中を再度衝突させる手です。

我々日本民族にはその気がなくても、ユダヤの仕掛けで、日中が離間《りかん》させられ、互いに争うようにさせられる恐れがあります。そして、このユダヤの離間工作の手先として喜んで躍る勢力（旧日本社会党がその典型ですが）が、ユダヤ・アメリカ占領軍によって育成されているのです。つまり、中国史の真実を見極《みきわ》めることは、単なる純学問的興味や道理のレベルの問題ではなくて、日本民族と地球人類の命運にかかわる、大変、切実なテーマでもあるのです。そして、今、私たちがここで研究しつつある「中国食人史」は、中国史の真実の核心中の核心に位置するはずのものなのです。

人が人を食う、とは、人間が追い詰められた地獄の最たるものでしょう。これが、善か、悪か、という風に問題を提出しても、むなしく空転するのみです。人間が、そこまで追い詰められる根源と、条件（縁起《えんぎ》）を理解し、さらに、理解するのみではなく、それを改善する方途を打ち出してゆかねばなりません。我々日本民族の建国の国是が、「大祓」にあるように、宇宙全体を善美ならしめることであるとすれば、そのことも、我々の義務の一つとなると考えられます。

中国文明の欠点を十全に認識する民族的自覚は、中途で挫折したまま

日本民族と、中国文明のかかわりを振り返ってみると、約二千三百年の歴史が記述されています。白村江《はくそんこう》の敗戦（唐・新羅《しらぎ》連合軍に、日本・百済《くだら》連合軍が、百済の白村江の戦闘で大敗する）後の百年間、中国の影響が日本列島を怒涛のように押し寄せました。それから約一千年を経て、江戸時代初期に、中江藤樹《なかえとうじゅ》が出て、中国儒教を内在的に克服、超克する口火を切り、僧契仲《けいちゅう》、そして真淵《まぶち》、宣長《のりなが》、平田篤胤《ひらたあつたね》と、「からごころ」を批判する国学が胎頭《たいとう》しています。

けれども、残念なことに、国学（日本学、日本精神の目覚め）が全日本民族に普及、消化されるに至る前に、ユダヤの世界侵略の魔の手が東アジアに伸び、この日本学の芽は十分に発育し、実を結ぶ（したがって、より高度の日本学、日本文明の地点から、中国文明を十全に認識し、その欠点を突き、対処の方法を確立する）前に、ユダヤ欧米文明の猛襲にさらされることとなったのです。つまり、我々の民族的自覚は、中途で挫折したままになっているのです。中国文明への対処が中途半端なまま、ユダヤ欧米の猛毒が流入することになってしまったのです。

（注）①今泉定助氏は、大正、昭和、前期の日本神道界の指導的学者の一人と聞いています。②加藤善之氏は、敗戦当時陸軍士官学校在学。『浮上する大和心』は、必読の良書です。③昭和二十年八月の敗戦で、かつての日本国は滅びました。それを証明するものが、占領軍による「神道指令」（二十年十二月）と、二十一年元旦の「人間天皇宣言」（これは、天皇の名で出されていますが、実際は占領軍の命令）です。

日本民族と韓民族の心の中味、宗教、信仰心は、極端に異質

中国大陸と日本列島の間に、韓半島が突き出しています。太古の、海面が今よりも大分低かった時代（これは、海の水が、その分だけ少ない、その分だけ氷河のかたちで存在した、すなわち、氷河時代）、韓半島と日本列島は陸続きであった、と推定されています。氷河期が終わり、大陸、韓半島と日本列島が海峡で切れてから、必然的に、大陸に住む人々と日本民族の、異質な文化、文明が発達しなければなりません。そして他方では、中国大陸に成立した大帝国と、韓半島（韓民族）の間に、一種独特な関係が生じました。早い話が、中華の大帝国による、韓半島の支配、従属、臣従《しんじゅう》関係です。

しかし、どうも、中国の「食人文化」は、韓半島には波及しなかったように見えます。韓半島のみならず、万里の長城の外側に位置する一帯（半ば農耕化した遊牧民族が住む）にも、食人文化は発展しなかったらしい。つまり、韓半島は、中華諸帝国の支配と影響の及ぶ地帯でありながら、それと完全に同質ではなくて、何かしら、独自な文化的伝統をかたちづくったらしいのです。

中華帝国本部――→韓半島――→日本列島、と、三段構えで、文明のエネルギーが到来するわけです。韓民族と日本民族は、この三千年来、多くの交流があり、外国人から見ると、見分けがつかないくらいに似ている（同族に見える）にもかかわらず、結果として出来上がったものは、

何から何まで、極端に異質な二つの民族です。

一九八〇年代に来日した韓国人の呉善花《オソンファ》さんは、『続・スカートの風』（三交社刊）、という著書の中で、「現代韓国では一般に無視され、文化的には排除の対象となってしまっている伝統的な民間信仰（シャーマニズム）が、日本では、神道という文化装置によって、その直接的な刺激が和らげられ、しっかりと日常生活の中に取りこまれている」（同書四二〜四三頁）、と記しています。彼女は日本に来た当初、神社に大きな拒否感を持ち、何かお化けでも出てくるのではないかと、とても嫌だったそうで、韓国から来る人たちが大抵拒否感を感ずる、とあります。

　また、日本に滞在するある韓国人キリスト教宣教師が、「日本にはどこに行っても悪魔の家（神社のこと）がたくさんあり、邪気に満ちている。そこには八《や》百万《およろず》の悪魔がいる。日本はそういう国だから、はやくこの悪魔を追い出してキリスト教を入れなくては、日本は神の天罰を受けてしまう。……日本人は悪魔を崇拝するから呪われており……」（同書四四頁）、と説教したそうです。

　現代の韓国では、多めに見て、人口の四割がキリスト教信者と、聞きました。このように見てくると、日本民族と韓民族の心の中味、宗教、信仰心は、ほとんどまったく共通点を見出せないほど異質のようです。呉善花さんは、「韓国は儒教、キリスト教という外来の器に自前のシャーマニズムを流し込んでゆくが、日本は神道という自前の器に外来の宗教を受け入れ飲み込んでしまう」（同書五〇頁）、と、観察しています。

つまり、日本民族は、日本列島に自生した自然崇拝教的（と、ユダヤ欧米の現代科学は位置付けるのですが）民族宗教（神道）を、入れもの＝枠組みとして、保持し続けているわけです。我々日本民族は、「自然崇拝的」とは考えないのですが、外から見ると、そう見えるらしいのです。呉善花さんが、日本に来て、東北に旅行に行き、山間の村の狭い一本道を歩いていると、日本のおばあさんが道にしゃがみこんで、紫色の一輪の花をそっとなでながら、「きれいね、しっかりがんばってね」、と語りかけるのを見た。韓国人なら、このように花に話しかけたりするなど、あり得ないことだ（同書四〇頁）、と、彼女は書いています。してみると、日本民族と韓民族の自然観（したがって世界観）には、本質的な違いがあるようです。

太古時代の「汎神論的」枠組みが、とうの昔に破壊されていた韓国

我々日本民族の世界観、ないしは「心」は、万物万象は同族、親族である、という枠組みの中で組み立てられていたらしいのです。これを、ユダヤ欧米的に、「汎神論的」と言ってしまうと、しっくりこないのです。なぜなら、汎神論というと、タテの秩序（もちろん大宇宙の秩序）が見失われるからです。

東京に住んでいる呉善花さんの部屋に、韓国人のキリスト教の信徒たち数人が訪れた時、彼女の部屋に、般若心経《はんにゃしんぎょう》（の額）があるのを見つけて、このキリスト教徒たちは、「これ（般若心経）には悪魔が取り憑いている」、と言い出し、一斉に、「この悪魔出て行け」と叫びはじめ、

あらゆる汚い言葉を大声で罵《ののし》った、というのです（同書九二頁）。こんな状況は、我々日本人には想像も出来ないわけですが、日本民族は、神道という自生、自前の入れものを保持しているので、仏教でも、儒教でも、道教でも、キリスト教でも、無神論でさえも、敗戦、ユダヤ占領以前には、この自分の枠組みの一部に組み込んで収めてしまうことが出来たのです。

しかし、中国大陸、そして韓半島では、この太古の時代の「汎神論的」（いわば）枠組みは、既にとうの昔に破壊されていた、と見なければなりません。つまり、問題の核心は、この「汎神論的枠組み」の存在にあるようです。それでは、太古の時代に、地球上の全ての民族、全ての部族が、この種（レベル）の「汎神論的」枠組みを構築していたかというと、そうではなさそうです。アンデス山脈一帯、俗称「インカ帝国」（この名称は、ユダヤ、スペイン侵略者が付けたもので、インカの本来の国の名は「タワンティンスーユ」だそうです）には、その色合いが見て取れます。

普遍的《ユダヤ》文明は「危険な異物」日本の伝統的秩序・枠組みは解体せねばならない

呉善花さんは、「神道は、何でも受け入れて、それを浄化してゆく日本文化の精神的な器、あるいは装置と言えば近いように思える」（同書四七頁）、と観察しています。他国の人から言われると、我々も、確かにそうか、と改めて気づくところがあります。しかし、「浄化」ということになれば、いま、我々にとっての問題は、浄化のキャパシティ、浄化能力の限界、限度、ということのようです。つまり、我々自身の立場から見れば、もう既に、現在の状態は、浄化の限度を超えているのではないか、ということです。

逆に、ユダヤ文明（現在の地球人の唯一の普遍的文明）から見れば、存在そのものを許し得ない、危険な異物として、この日本の伝統的秩序、枠組みを位置付け、それを解体し、粉砕しなければならない、ということにもなるのです。そして、この両面から見ると、どうも、韓半島（韓民族）の存在、その現状は、日本民族にとって、非常に気になる、気がかりなものとして浮かび上がってこざるを得ません。

危うく日本は中国の属国を免れ、独自文明の創出に乗り出す

日本民族は、中華帝国の文明を受け入れる時も、二千年に亘って、自生、自前の枠組みを保持しました。しかし、韓半島では、大きく分けて三度（漢の時代、元《げん》の時代）の、中国大陸からの直接の侵略、征服によって、自前の伝統の枠組みは解体されたかのように見えます。日本列島、日本民族と、最も親近な存在は、百済《くだら》（今日の全羅道）のようですが、周知のように、百済・日本（倭《わ》国）連合軍は、白村江《はくそんこう》の戦いで唐・新羅《しらぎ》連合軍に敗れ（六六三年）、百済は滅びました。その後、韓半島は、新羅王朝、高麗《こうらい》朝、李《り》氏《し》朝鮮と、三代を経て、そのたびごとに、中国への同化の度を強めたのではないでしょうか。

これに反し、日本列島、日本民族は、白村江の敗戦後、中国（唐）の占領下に入りましたが、

幸いにも（と言ってよいかどうか分かりませんが）、唐と新羅の関係に異変が生じ、そのために、唐の日本列島に対する圧力が著しく軽減せざるを得ず、元の日本侵攻まで、約五百年の間、日本民族は、徐々に中国に対して、自己の独自性を発展させる機会を得ました。

さらに、元の大侵攻時には、幸運にも、平安貴族の日本でなく、武家政権が確立されていた日本であったので、ユーラシアを席巻《せっけん》したあの大モンゴルの軍団に敢然と立ち向かって、これを撃退できました。この時以降、日本民族は、主観的、意識的にも、決定的に中国大陸の属国であることをやめたわけです。そして、室町期から江戸期にかけて、日本民族は、精神的、宗教的、学問的、産業的、政治経済的にも、断然、中国文明を超える日本独自の文明の創出に乗り出して行くのです。

陰険なユダヤの日韓分断、日韓両民族の対立謀略に乗せられるな

韓半島、韓民族の中国への同化の実例は、人々の苗字、姓名の付け方（苗字が、中国化した）に見ることが出来ます。このために、韓民族の姓は、中国と同じく、金、朴、李、など、ごく僅かの種類となり、同姓間の結婚は厳禁です。これに比べて、日本民族の苗字は数万種とも言われ、民族社会の核ともいうべき親族関係において、日韓両民族はまったく異質なものに分化してゆくのです。

現在、韓国では、日韓同祖論、あるいは、日本の天皇は韓半島出身である、あるいは、古代

日本の文化、国家、学術などは全て韓半島から輸入されたものである、つまり、韓国が親であり、日本は子である、という学説が常識と聞いています。古代（三～七世紀）の歴史は確かにその通りかも知れませんが、その後の歴史（特に、中国大陸との関係）においては、韓民族と日本民族の間は、どんどん離れ、分化したことを知らなければなりません。

しかし、その上に、さらに、十六世紀からのユダヤ白人欧米文明の侵攻に対する対処の仕方において、日韓両民族は、極度の分裂状態に入ったと、言わざるを得ません。現時点において、日本民族はユダヤ一神教の侵略を防止している（あるいは、日本民族の自前の枠組みの中にそれを取り込み、消化すべく努力中である）、と言えるとすれば、韓民族は、既にユダヤ教に飲み込まれつつあるようです。

呉善花さんの本によると、朝鮮戦争が終わったあと、韓国のキリスト教の変貌があり、これによって一挙にキリスト教が韓国民衆の間に根をおろした（『続・スカートの風』九一頁）、とあります。この新しい韓国式キリスト教は、現世利益を全面的に肯定し、推奨するものだそうです。言うまでもなく、こんなものはキリスト教と無縁、というよりは、イエスの教えを泥靴で踏みにじるようなものでしょう。

それは、アメリカで発展した、ユダヤ化されたニセモノのキリスト教以外のなにものでもありません。敗戦、ユダヤ占領下（ここで「ユダヤの占領」、というのは、ユダヤの両建て、すなわち、米国流の金権ユダヤと、旧ソ連流の共産ユダヤの二刀流による日本占領を意味します）

の日本民族も、亡国と拝金主義の毒に苦悶していますが、呉善花さんが観察しているように、神道という枠組みは解体、破壊されるには至っていないようです。

ユダヤは、それ故、執念深く、この神道の構造を破滅させようと狙っている、そして、この目的を達成するための有力な武器、謀略の一つとして、日韓の分断、日韓両民族の反目を掻き立てようとしている、と、私には見えます。日韓両民族は、この陰険な謀略に乗ってはならない。そして、そうならないためには、日本民族は、日本、韓国、そして中国の関係の実相（バカで学問奴隷に過ぎない学者どもの描くウソ八百の知識、情報ではなく）を深く研究し、認識しなければなりません。

（注）中村元《はじめ》文学博士は、これまでの日本の学問、思想界が、かつては中国、明治以降は西洋の学問奴隷に過ぎなかった、と指摘しています。

「儒教の毒」が回って、文化大革命を日本中国学会は大評価、大興奮、大感激

白痴並みの判断力しか持たない、恐るべき、そして日本民族にとって危険な集団である、日本の中国専門学者の中で、私が高く評価できる例外の一人に、村松暎《むらまつえい》氏（大正十二年生まれ、慶応大学教授を経て、同名誉教授、杏林大学教授、平成二十年没）がいます。村松教授は、『儒教の毒』（ＰＨＰ研究所刊、一九九二年）という、大変、刺激的なタイトルの著作を公刊されま

した。

中国専門家としては、このような本を出されることは、(その中味は、さほどのことはありませんが)勇気の要ることでしょう。なにしろ、中共文化大革命の時に、日本の天台宗の高僧(実名が記されていないのは遺憾です)が中国を訪問した。そしてこの僧は、帰国後の談話の中で、「毛沢東思想は仏様の教えと同じだと言った。なぜなら、毛主席は殺してはならないと言っている。不殺生を説いているから仏教の教えと同じだと言う」(『儒教の毒』五三頁)、のだそうです。文革によって、二千万人が殺された、と言われているのですから、私は、日本の仏教界などというものに(ひいては、このような白痴的「高僧」を通用させている日本の社会というものに)、絶望したくなります。

村松氏は、日本人のこうした醜態は、千何百年か、「儒教の毒」が日本人に注入されてきた結果である、と説くのです。文化大革命進行時に、日本の「中国学会」(こんな名前の学会があるらしいのですが)は、大変興奮して(感激して、の意味でもあるでしょう)、「今こそ中国の学者と交流せねばならぬ」、という、異例の大会決議を行なったそうです。大先生方をはじめとする全員一致の決議だそうです。村松教授は、「ほんの小僧であった私(といっても、既に慶応大学教授で、四十歳を超える年齢ですが)は、……一人で反対する勇気を持たなかった」と書かれています。そして、「自分の学問的な怯懦《きょうだ》を思い知らされたことは思いのほかの傷となって消えることはなかった。以後、私は自分を学者だと思ったこともないし、学者たらんとしたこともない」（『儒教の毒』二頁）、と記されています。

まことに、まともな記述であり、私も深く共感させられますが、しかし、そのあとがあります。昭和六十三年（一九八八年）、日本中国学会創設四十周年の記念シンポジウムで、村松教授はパネラーを割り当てられ、そこで、文革時の例の大会決議に触れ、それは、「我々が行なってきた中国研究の方法が根本的に間違っていたことの証明でもあるのではないか」、と、問題を提起したそうです。私は、村松教授のこの提案、報告の事実を、この本で初めて知りましたが、その結果はどうなったのでしょうか。

文革から既に二十年以上が経過し、毛沢東の死、四人組の失脚、鄧小平の復活、文革批判、中国の資本主義化と、事態は激変しましたが、我が国の「中国学会」の学者たちは、村松教授のこの提案について、「完全な無反応、その問題はまったく無視されて、コンピューター時代における情報の公開」などというテーマが熱心に討議されたのだそうです。村松教授は、この我が国の学者の体《てい》たらくは、「何が真であるか、何が善であるかいうことを探るよりは、真善が既に疑うべからざるものとして決定された上に学問の体系を構築してきた儒教の思考的影響であろう」（『儒教の毒』三頁）、と解しています。同教授は、日本人の中に身に付いてしまっている、儒教的独善性を再検証する意図を以てこの本を書いた、そして、その種のものとしては初めての本、と述べています（『儒教の毒』四頁）。

右の箇所については、そのまま呑み込むわけにも行きかねます。なぜなら、江戸中期の医者、安藤昌益《あんどうしょうえき》は、『自然真営道』、『統道真伝』の中で、儒教のウソ、欺瞞性を、徹底的に暴《あば》いているからです。昌益の一党は、秘密結社のかたちでしか生きられず、明治末期になってようやく、狩野亨吉《かのうこうきち》博士によって発掘されるに至りました。しかし、本居宣長《もとおりのりなが》は、漢心《からごころ》を批判し、国学を高唱しました。宣長のずっと前、平安時代の昔に、儒教式、中華式のイデオロギー、学術の横行に抵抗して、かな文字文化が胎頭しています。日本民族は、「儒教の毒」を解毒する仕組み（「大和心」、「大和魂」とは、この仕組みのことだったのです）をつくり出したのです。

とは言え、わが国の中国専門学者たちは、千数百年来、日本民族の中に、儒教の毒を流し込み続けていることは確かです。そして、彼らの「学界」は、儒教の毒を生産し、日本列島に注入する、危険で有害きわまりない装置と化しているのです。このような学界の中から、儒教への批判の発言が出てきた、という意味では、村松教授の挙が、初めてなのかも知れません。

日本人は、儒教が食人文化と密接不可分一体を、どうしても受け付けられない

それにしても、この村松教授でさえも、中国の儒教が、実は、食人文化と密接不可分、一体のものであった、という事実に触れていないのです（魯迅の『狂人日記』があるにもかかわらず）。（ただし、同教授は、親孝行についての件《くだり》で、子が病気の親に、自分の肉を切り取って食べさせる風習を引用しています。また、「飢えれば互いに食い合ってしまう悲しい性《さが》をもった人間」云々、とも書いています）。日本人の中には、黄文雄氏の『呪われた中国人』（中国食人

史）の内容を、何としても受け付けない、強力な心理的防壁のようなものが出来上がっている感じもします。どうしても、人の肉を喰う、というような話は、のどに入らないのです。これを、理解しようと努力すれば、理解できないこともない。

これは、おそらく、日本民族と中国人の、歴史的、生態学的条件の違いの産物なのでしょう。蟹は自分の甲羅に合わせて穴を掘る、と言われるとおり、どの民族も、自分たちの言語意識や伝統の枠でしか、他の民族を理解できないからです。しかし、学者、専門家は、それではつとまらないはずです。民族の限定、限界を超越して、真実を探ることが、その使命であり、義務であると言わねばなりません。

例えば、中国の「人間市場」。人間市場の「仕入れ経路」（というのも、我々にはドギツい表現です）に三ルートあったそうです。

一つは、処刑された罪人の肉、血、内臓が民間に払い下げられるケース。

二つは、貧民や飢民の家族が、人肉商に売り渡されるケース。

三つは、盗賊や軍隊が、民間人を捕まえて、売り渡すケース。

この三つです。

いずれも、我々日本民族には想像を絶するお話です。特に、軍隊が一般人を捕まえて人肉商人に売る、というのは、タメ息が出てしまうではありませんか。中国の「正史」である『資治《しじ》通鑑《つうかん》』（これは最も有名な中国の史書の一つです）の「唐紀」には、文徳元年（八八八年）、「二月、李罕之《りかんし》の部隊は、正業を営まずに、もっぱら略奪で財貨を貯え、民衆を捕えて食用に供していた」。景福二年（八九三年）、「二月、李克用《りこくよう》と王鎔《おうよう》の軍隊は、叱日嶺《しつじつれい》下で戦って大いに王軍を破った。この一戦で万余の敵兵を打ち首にした。河東軍は食糧が欠乏したため、その死体を《乾肉》にして、食用に供した」などなど（『呪われた中国人』六二〜六三頁）。『資治通鑑』は、千年以上の間、我が国の中国専門家が熟読研究した書の一つでしょうが、あいにく、こういう部分は、彼らの目に入らない仕掛けらしいのです。

日本民族の美点は縄文・原日本人の伝統、欠点は儒教・ユダヤ欧米文明の毒化

おそらく、我が国の学者の中にしみ込んだ、このような儒教に毒化された体質は、学界から一般世間に伝染して、我が日本民族の、最大の難点、欠点、キズ、病気となっているのではないでしょうか。「中国食人史」の考察から出発して、我々は、この欠点を反省する必要があります。

こうして見ると、どうやら、日本民族の美点とされるものは、ほとんど全て、縄文時代につちかわれた日本古来の伝統、原日本人の伝統に発するのに反して、日本人の欠点、醜さ、醜悪さ、弱点は、中国のシステム（儒教）に毒化されたものであり、明治以降はユダヤ欧米文明に毒されたものである、と言ってしまっても、あながち、誇張とも言えないかも知れません。

儒教の毒を、完全に解毒し切れないうちに、ユダヤ白人欧米文明の毒が押し寄せてきた、こ

れが、幕末以降の我が国の大局的状況ではないでしょうか。つまり、我々は、儒教の毒と、ユダヤ西洋文明の毒の相乗作用によって目をまわしているわけです。両方の毒で病んでいる部分を見ると、我が日本民族は、はなはだ芳《かんば》しくない醜態を呈することになります。

しかし、幸いにも、我が日本民族は、数万年の日本列島におけるくらしの中で、世界最高の精神的霊的物質的文明を育て上げました。この日本文明の目に見えない遺産が、それらの毒を抑制し、また排出し、あるいは毒を薬に変えてきたのではないでしょうか。この面を見る外国人は、日本民族のすばらしさを讃嘆せざるを得ないのです。

黄文雄氏も、台湾人の立場から、公平に、中国人と日本人を比較して、日本人の優秀性を論証することになるのです。優劣、という前に、黄氏は、「日本人と中国人の精神構造は正反対である」と述べています。立場上、日本と中国の両方をつぶさに知った上で、こうも言うのです。中国は命令社会であるが、日本は合意社会である。この観察は妥当と思いますが、しかし、さらによく見ると、日本民族の「合意」は、人間相互の間の合意にとどまらず、人間と自然界の合意であり、神々でさえも合意のルールを守っている、と言わねばなりません。

「肉食」の究極のかたちが、食人文化

中国が命令社会であるのみならず、ユダヤ白人欧米も、同じく、命令社会でしょう。しかし、この命令社会的性格は、どこから生まれるのでしょうか。私は、それは家畜制度から発してい

ここ、と見ています。日本民族は、徳川時代まで、家畜制度を最低限に抑制してきました。ここに、日本民族の優秀性の本源、先人たちが、「日本は神国なり」、と敢えて宣言し得た根拠を見なければなりません。したがって、明治新政府が欧米文明を取り入れたついでに、畜産、肉食奨励に、国策を変えた時、日本の太古以来の伝統は自壊し始めるのです。日本の民族性も変質せざるを得ないのです。

思えば、「肉食」の究極のかたちが、食人文化、人間の肉を喰う、というシステムでしょう。日本民族が、中国大陸の圧倒的な力に影響され始めてから二千三百年、我々日本人は、未だかつて、お隣の聖人君子の理想の国、中国で、食人文化が社会の不可欠の構成部分として機能していた、という事実を認めようとしなかったのです。おそらく、それを知ってしまうと、日本人の中国観、あるいは、儒教(道教も含む)の毒が社会のスミズミまで浸透している、我が民族の体質そのものが危うくなることを、本能的に直感しているのかも知れません。なぜなら、それを糸口として、日本人の中の、儒教的なるもの、中国的なるものの全面的見直しと修正をせざるを得なくなるからです。

［第四章］

「食人中国」の発狂を使嗾《しそう》する悪魔崇拝教の西洋ユダヤ

「発狂中国」の暴走を唯一阻止し得るのは、万邦無比の優れた「国体」を維持してきた「神国日本」。万有宿神の「神国日本」だからこその天皇である。山川草木、この世の生きとし生ける全てのものを尊敬し尊重する。人間も日本列島も万物も一視同然。大宇宙の万物万象が一家。この土台の上に立つのが天皇なのだ。人間次元にのみ視界限定の「食人」中華皇帝とは大違い。悪魔崇拝教の西洋流、ユダヤ流も「食人文化」を表にこそ出さぬものの大同小異。どころか、「発狂中国」の暴走に拍車をかける。そこで現代日本のとるべき道は？

長い時間をかけて、中国皇帝型の天皇像を修正し、日本型に戻す

黄文雄氏は、『呪われた中国人』の中で、日本の天皇と、中国の皇帝の、はなはだしい異質性について、我々日本人がほとんど意識せず、自覚もしていない、適切で公平な論評を加えています。黄氏は、まず台湾人であり、次に中国人であり、最後に、日本の台湾統治時代は日本人でもあった、という世代に属し、台湾人の立場から、きわめて公正に、日本と中国を比較・批評できる資格を備えています。台湾（中華民国）の元総統の李登輝《りとうき》氏も、黄氏と同じ経験を持つ世代です。

中国の「皇帝」の始祖は、誰もが知るように、秦《しん》の始皇帝です。ここから数えて、一九一一年、清《しん》朝の最後の皇帝に至るまで、約二千百三十年、いくつもの王朝の皇帝、二百九人が数えられます。この皇帝制が廃止され、中華民国、中華人民共和国となって八十年ですが、蒋介石、毛沢東には、皇帝気取りが歴然としています。我々日本民族は、この中国の皇帝の支配下に生活した経験がないので、どうもその本態がよく了解できない（あるいは、まるで想像力も働かない、イメージがわかない）ところがあるようです。

しかし、百二十五代の天皇系図を見てゆくと、明らかに、そこに、外来文明の影響が見て取れます。外来文明とは、一つは、中国大陸からのもの、二つ目は、近代欧米文明の侵入、です。例えば、黄文雄氏は、濃厚に中国皇帝型の天皇として、第四十代、天武天皇を挙げています。

「天武天皇は、六七二年に起きた壬申《じんしん》の乱で、弘文天皇を殺して即位している。天武天皇は、中国の『天子』思想にすっかりかぶれていた。すべての政務を、自ら直接に決裁した。天皇を殺して即位したのも、天武天皇ただ一人だ。これは、完全に中国式のやり方である」（『呪われた中国人』一七三頁）

黄氏の記述を補足しておくと、実は、この天武天皇の時代は、日本が、唐・新羅連合軍に、半ば占領されていたのです。通俗的教科書では、意図的に隠されていますが、これはまぎれもない史実です。黄氏の観察力はさすがに鋭い。けれども、日本民族は、長い時間をかけて、中国皇帝型の天皇像を修正し、日本型に戻してしまいました。黄氏は触れていませんが、明治憲法下の天皇も、また、アメリカ占領下の日本国憲法での天皇も、本来の日本型の天皇から、欧米型の皇帝ないし国王に変形させられている、と言わなければなりません。

将来、日本民族が、ユダヤ欧米白人に毒化され、アメリカ（ユダヤ）占領軍が念入りに破壊しつくそうとした日本の国体を、もう一度、修正し、本来の日本的なものに復元させられるかどうか。我々にそれだけの復元エネルギーが残されているかどうか。現在の日本の国体の危機も深刻ですが、（唐占領軍が日本を統治していた）天武天皇の時代の日本の危機も、今日と同じか、あるいはもっと深刻だったかも知れません。幸いに、この時は、国際情勢の急変で、日本民族は修正復元の機会を与えられました。

代々の天皇は、大宇宙を生む親神「天御中主神《あめのみなかぬしのかみ》」の顕現

明治の大日本帝国憲法は、伊藤博文が、米英仏型の憲法を捨て、ドイツ型（ドイツ第二帝国）の国体を取ることに決めて誕生したのですが、ドイツといえども、日本民族とは異質の、キリスト教ヨーロッパ列強の一つであり、したがって、日本民族本来の国体とはなじまない、と言わなければなりません。明治天皇制は、ドイツ皇帝制に似せてかたちづくられたのです。しかも、当時の日本の国家指導者には親英派も強力でしたので、皇室を、英国王室に近づけるべきだとする考え方もあり、明治、大正、昭和前期の三天皇の在り方は、どうもうまく日本の伝統に収まらないところが出て来てしまうのです。

黄氏は、「日本の歴史には、中国の皇帝のように、全国を専制的に支配した独裁者は、ただの一人も登場していない。これは、世界史に類例を見ない歴史である。それは、権力なき権威としての天皇が存在したからであろう」（『呪われた中国人』一八二頁）、と書いています。これは正しい命題でしょうか。織田信長はどうでしょうか？　彼も、東海、近畿など、日本の一部を支配したに過ぎず、とうてい日本の独裁者とは言い兼ねます。一応は、黄氏の説明は受け入れることが出来ますが、もう少し、深く、考えてみなければなりません。天皇を、「権力なき権

威」、という風に言ってよいものかどうか。これが問題です。

平成天皇の即位に当たり、一連の儀式が行なわれたわけですが、その中で最重要なものが、大嘗祭《だいじょうさい》です。この祭りは、約一年の時をかけた非常に多くの部分から成り、その頂点は、新しい天皇が天照大神の霊と合体する儀式であると伝えられています。日本の神典では、天照大神は、天御中主神《あまのみなかぬしのかみ》（いわば大宇宙神）につながるのですから、代々の天皇は、大宇宙を生む親神の顕現とされるわけです。天皇陛下を、「おかみ」と呼ぶ言い方がありますが、おかみは、「かみ」のことです。「かみ」は、「上《かみ》」であり、要するに、天御中主神の方へ、段々に向上してゆく、どこまでも修行してゆく、そして、自分よりも上のものには自発的にしたがってゆく、そのような姿勢、構えを日本民族はつくり上げて来たのです。このような心性を、奥津彦重博士は、「次元律」と表現しています。

天皇は、日本の民族性・民族精神・皇道・日本の国体の中にのみ、存在する

天皇は、天皇個人としては存在せず、また、天皇家のみでも存在しないのです。それは、日本の民族性、民族精神、皇道、日本の国体《こくたい》の中にのみ、存在するのです。この「国体」という言葉は、敗戦、占領で死語となりかけています。我々が留意しなければならないのは、「国体」とは、西洋流、ユダヤ流の政治権力、国家権力と、ある一点で本質的に異なる、すなわち、ユダヤ西洋流の国家は、人間のみの集団権力にかかわる概念（コンセプト）であるのに反し、

日本の「国体」は日本列島そのものを土台としている、というところです。ここのところを理解しないと、日本の「国体」は、まるっきり了解不能です。本居宣長のあの有名な歌、「しきしまの大和心を人問《ひと》はば、朝日ににおふ山桜花（山桜は、文字どおり、山の中に咲いている、野生の桜の花のこと）」も、この辺のところが分かっていれば、なにかしら、会得《えとく》することが出来るはずです。

日本の「国体」は、日本列島を土台としているのみならず、日本の上に、太陽（天照大神）と大地（国常立命《くにのとこたちのみこと》）を、そしてさらにその上に、大宇宙神（天御中主神）を、頂いているのです。「日本は神国である」、という命題は、このように理解しなければなりません。つまり、日本民族の国家観は、大宇宙の万物万象が一家である、家族である、そしてそれら全宇宙の全存在が天御中主神という中心に帰一する世界観をもとにしているのです。このような世界観、国家観を持った民族が、他に存在するとも思われません。日本民族が万邦無比《ばんぽうむひ》のすぐれた国体を維持してきた、と言われるのも、立派な理由があるのです。

神社も森も根こそぎ破壊し、その跡に大飯店を建てた宋美齢

黄氏は、「日本人は木を植える民族」、「中国人は木を切る民族」と述べています。これは、黄氏の生活体験、自分の目で見た経験から出てきた言葉らしいのです。例えば、日本は台湾統治時代、首都台北に大きな神社をつくり、そこに立派な森が育ちました。大陸から蒋介石政権

が逃げてきて、日本が台湾に残した資産を接収しました。蔣介石の妻、宋美齢《そうびれい》（この人は、一九三〇年代から超有名なユダヤ・フリーメイソンの人脈です）は、この神社を盗りましたが、神社も森も根こそぎ破壊し、その跡に大飯店（もちろん、宋美齢の私有財産として）を建てたのだそうです。こういうことをする支配者は、日本では、どんな時代であろうとも、決して、断じて許されることはないでしょう。

中国皇帝式専制独裁政治こそ正義と錯覚した後醍醐天皇

けれども、黄氏が指摘しているように、日本には、中国の学問奴隷＝学奴、と称すべき、日本民族内部の売国奴、中国専門家の系列が存在します。彼ら、学問奴隷、売国奴の軍団が、日本民族の上に覆いかぶさって、日本民族本来の国体精神の顕現を抑えつけています。このために、多くの悲喜劇と錯覚が起こります。例えば、建武中興、南北朝で有名な、後醍醐天皇です。黄氏の後醍醐天皇論は注目に値《あたい》します。

後醍醐天皇は、中国皇帝式専制独裁政治こそ正義と錯覚して、武家政権を打倒して、天武天皇の時代を再現しようとしたが失敗した（『呪われた中国人』一七七頁）。そのあと、南北朝が並立して、のちのちまで、南朝、北朝、どちらが正統か、という大問題が生じました。これも、実は、中国式を直輸入しようとする売国奴、学奴軍団のもたらした毒気の表現でしょう。つまり、この売国奴学問奴隷の作為によって、天星と皇帝の区別がグチャグチャにされるのです。

浙江財閥の創始者・宋嘉樹の「宗家の三姉妹」の三女、宋美齢はアメリカ留学後、蔣介石（左）を手練手管で籠絡して結婚。中国の政治的な意思決定に多大な影響を与えた。

本来は「ミコト」なのに著しく中国風の名称「天皇」に

日本の神典によれば、初期の天皇は、〇〇〇〇ミコト（初代天皇は、カムヤマトイハレヒコノミコト）、と名付けられています。漢字の「命」をあてて、ミコト、と読ませるのです。そして神道式の葬儀では、故人には、〇〇之命《みこと》、とおくり名をします。つまり、普通の人でも、亡くなると、〇〇命、に昇格するわけです。天皇は、昔は、スメラミコト、と呼ばれており、天皇、という呼び名は、著しく中国風の影響を受けた名称と言わなければなりません。間もなく、天皇は仏教の熱心な信者となり、天皇家も、中国伝来の仏教の影響を濃厚に受けるわけです。にもかかわらず、天皇家と神道の関係は維持され、伊勢神宮も、持ちこたえるのです。

皇室を、英国式王室のレベルにまでおとしめるユダヤ西洋風学奴たち

明治になると、ユダヤ欧米白人の危険で破壊的な悪魔的文明に毒された新たな売国奴、学問奴隷たち（フリーメイソンの奴隷たち）が、日本列島に取《と》り憑《つ》きました。このユダヤ西洋風学奴たちが、天皇を、ユダヤ欧米風に変造する悪魔的作業に取りかかるのです。彼ら、学奴たちの目標は、日本の皇室を、英国（そしてオランダ、北欧）式の開かれた、民主的、市民的王室なるものに変造、転落、堕落させることです。

英国の王室は、クロムウェルの清教徒革命以来、ユダヤに浸透され、容赦ないスキャンダル

後醍醐天皇は、中国の学問奴隷の建白を受けて親政を開始（建武の新政）したが失敗、南北朝の対立という後世までの大問題を生じさせた。
（清浄光寺蔵）

の乱打にさらされ、完全なユダヤ、フリーメイソンの傀儡《かいらい》、ある種のピエロにされて、ようやく、ユダヤのお情けで生き延びることを許されています。彼ら学問奴隷たちの本音は、日本の皇室を、この英国式王室のレベルにまでおとしめることです。

昔は中国の学問奴隷、今はユダヤ欧米の学問奴隷が、日本民族を（そして神国日本、神州日本を）内部から崩壊させ（左右両翼の）売国奴階級として機能している、という史実を我々は識《し》る必要があるのではないでしょうか。

（注）シンプソン夫人との結婚で退位させられた英国王エドワード八世は、実は、同国王が、ユダヤの意に反して第二次世界大戦の勃発に反対した。そこで、ユダヤは色じかけの謀略で、同国王を葬り去った、という説があります。

家康は、西欧列強・切支丹の侵攻に備え、親中・朝で儒教・仏教を重用

織田信長の時代に、日本は超重大な岐路に立たされた、と言わねばなりません。ヨーロッパ列強（キリスト教の仮面をつけたユダヤ）の対アジア猛襲に、いかに対処すべきか、という政策問題です。どうも、ユダヤ（キリスト教の仮面をつけた）は、織田信長が、日本統一後、南進して、フィリピン以南からヨーロッパ列強を放逐する政策を取るものと判断し、信長殺しの謀略を仕掛けたふしがあります。そして、秀吉を唆《そそのか》して、日本の武力を北へ、すなわち中国（明《みん》）に向けさせる謀略を打ってきたのではないでしょうか。このユダヤの謀略の事実があっ

てもなくても、結果としては秀吉の朝鮮出兵（明国の征服を目的とする）は、ユダヤの危機を救いました。

徳川家康は、ヨーロッパ列強の世界侵略を十分に承知した上で、これに対し、専守防衛、すなわち鎖国の国策を採ることを決断したのですが、同時に、東アジア三国（中国、朝鮮、日本）の、ヨーロッパ列強に対する、ある種の同盟政策を必要不可欠と考えました。同盟、というよりは、中国（明国）を宗家とする体制、と言うべきでしょう。確かに、十七世紀前半の時点では、未だ、ヨーロッパ列強は中国を武力で切り取る力量に不足していました。信長（南進）、秀吉（北進）の外交政策は、日本の国力からして冒険である、と斥《しりぞ》け、むしろ、大幅な軍縮（鉄砲、大砲の製造保有の事実上の禁止）と、鎖国、そして中国（明）を宗主として立てて、ヨーロッパの侵略を防ぐことが、国策として最善であると、家康は見たもののようです。

そこで、家康は、儒教を、国家の教学として採用するとともに、仏教寺院に全国民を所属させ、切支丹禁止を実行させる政策を採ったのです。この教学、宗教政策は、ヨーロッパ列強の日本列島侵攻を防ぐための、全般的国策の重要な一部であったのです。その結果、武士階級は、必ず、漢文で四書五経《ししょごきょう》を読み、儒教の古典を学習するように義務付けられるわけです。必然的に、儒者の数が増え、そしてこの人々は、本家、本場の中国を美化し、理想化せざるを得なくなります。

そのうえ、徳川幕府は、中国との人的交通を遮断し、長崎港でのごく少々の貿易に限定しましたから、学者たちは、実地に中国を見ることなく、ただ、僅かな書物による知識しか与えられないのです。この結果、幕府官許の林羅山《はやしらざん》系統の儒学（朱子学）は、幕末に至るまで、一種異様な現実離れのした、グロテスクなものに仕上がってゆきます。日本のモデル、あるべき姿、理想は、文字で知った中国であり、この中華の宗主国に比べると、日本は万事につけて卑《いや》しく、小さく、愚かに見えるのです。この中華の宗主国、本家の欠点や恥部を指摘することさえ、とんでもない不敬な仕業《しわざ》、となります。中国の正史に、ふんだんに出てくる食人の史実など、まったくないことにしてしまう心理も分かります。このようなものが、徳川時代の日本の、公式の、正式の中国観であったのです。

宗主国崇拝・「腐儒」への批判・反発・疑問で登場した水戸学派・陽明学派など

しかし、日本民族は到底、この種の低レベルの中国観、中国直輸入の教学に満足出来るものではありません。ただちに、それらへの批判、反発、疑問が、在野、民間の学者、思想家から噴出してきました。在野のみならず、特筆大書すべきことは、あの（黄門さまで有名な）水戸《みと》光圀《みつくに》（第二代水戸藩主）によって始められた『大日本史』の編纂事業です。歴史の不思議、歴史のいたずら、というべきか、徳川御三家の一つ、水戸藩は、徳川幕府を倒す原動力となる尊皇論を生み出し、藩の総力（水戸藩三十五万石のうち、十万石を『大日本史』編纂に充てる）を挙げて、水戸史学を育成したのです。

幕府官許の中国理想化、空論儒学を批判して、日本の国体の優秀性を主張した江戸時代の主要な学流を、五つ、挙げることができます。

一つは、中江藤樹《なかえとうじゅ》を祖とする陽明学派です。

二つ目は、水戸学派。ただし、光圀が歴史編修の業を起こすに当たって召しかかえた学者は、全て京都から水戸に来ていますから、最初から尊皇的傾向があったようです。幕末には、藤田《ふじた》東湖《とうこ》、会沢正志斎《あいざわせいしさい》らが出て、全国の世論をリードしています。

三つ目は、山鹿素行《やまがそこう》学派、
四つ目は、山崎闇斎《やまざきあんさい》学派。

五つ目は、唐心《からごころ》を痛烈に批判する国学、そして平田篤胤《ひらたあつたね》の復古神道派、というわけです。

概《おおむ》ね、この五つの学派によって、空論を事とする「腐儒《ふじゅ》」を克服する機運が、日本全国に醸成されてくるのです。そして、本来の欧米ユダヤ列強の侵略の危機は、これらの学派がつちかった思想学問の力が一丸となって当たることによって、辛くも乗り切り得た、と言ってよいでしょう。この五つの学派の他に、商人道を説いた石田梅巌《いしだばいがん》(いわゆる石門心学《せきもんしんがく》)、農民道の二宮尊徳、さらに自然真営道の安藤昌益(彼は、インド、中国渡来の宗教と学問をあらいざらい、批判し抜いています)、観相道の水野南北《みずのなんぼく》なども、重要な貢献をしたことを言っておかなければなりません。

つまり、日本民族は、徳川幕府の官学(朱子学、そして、中国の中華思想に中毒した、中国崇拝病患者の学）に、真っ向から対抗し、これを批判する幾多の思想、学問（それは、武士階級、大名レベルにまで浸透しました）を、江戸時代に生み育てたのです。この点は、朱子学一本槍で、異端の学を最後まで封殺した李氏朝鮮と、根本的な違いを見せています。徳川初期に、まず、近江聖人、と称された中江藤樹が現われました。彼は、日本陽明学派の開祖、とされてきたのですが、木村光徳博士はこの定説を修正し、陽明学とは別の、独自な「藤樹学派」をつくり出したのだ、という説を立てておられます。

私は、藤樹学は、中国儒教の「孝」の狭い限界を乗り越え、「親」を、四つの次元でとらえ、最高の大宇宙の親神への孝にまで上昇させることによって、儒教を内在的に超克する突破口を切り開いた、と見ています。藤樹の高弟、熊沢蕃山《くまざわばんざん》において既に、儒教と日本古来の神道の習《しゅう》合《ごう》が見られ、山崎闇斎学派がこれを仕上げ、そしてついに、中国渡来の学を真正面から批判して、大和魂を高唱する国学が開花するのです。

日本こそ世界の中国、中心であり、最高のものである、という自覚に

こうして見ると、徳川幕府期の中国観は、家康、家光（三代将軍）の「侍読《じどく》」（側近の学者）、林羅山の、日本の天皇の祖先は中国人（大但）である（日本の本家は中国王朝である）という、べたべたの中国崇拝中毒症から始まり、順次これを超克して、日本こそ中国である、日本の国体こそ世界の中心であり、最高のものである、という自覚に達するまで、激しい変化、

「水戸黄門」こと水戸光圀は、藩の総力をあげて『大日本史』を編纂、中国崇拝中毒者に真っ向から反論し、日本の国体の優秀性を満天下に証明した。

変遷を経てきた、と見なければなりません。

日本こそ世界の中国である、という史観（もちろん、この史観は、黄文雄氏が説明しているような絶対的中華思想を抱いている中国人にとっては、苦々しい限りでしょう）は、誇大妄想狂のたわごと、ではないでしょうか。筆者はかつて、この日本中心史観（皇国史観ともいう）は、単なる、中国の中華思想のイミテーション、小中華思想に過ぎない、と見ていました。確かに、そのレベルで（あるいはさらに、欧米列強帝国主義のイミテーション、というレベルで）、皇国史観を振りまわす、あるいはその尻馬に乗る人々も、多く存在しました。

社会の表面では、どうしても、この程度の劣等な皇国史観の理解が通用してしまう傾向があります（現に、日本の経済的成功をカサにきた、釈明のしようのない、無神経で傲慢な振る舞いをするビジネスマンが激増している、と伝えられます）。

しかし、さらにその深層を探ると、そうではないのです。戦国時代末期に、ポルトガル船によって一丁の鉄砲が日本にもたらされるや、あっという間に、日本の鍛冶屋職人はそれとそっくりのものを作り、たちまちそれを改良し、そしてきわめて安いコストで量産し始めました。五十年後には、日本は五十万丁の鉄砲を所有し、この数字は、当時のヨーロッパ各国の鉄砲の総計より多かった（しかもその性能は、ヨーロッパ製より優れていた）、と言われています。

しかし、この不思議現象に輪をかけて不思議なことに、徳川幕府によって大軍縮が行なわれ、鉄砲、大砲の生産、保持が、事実上、無に等しくなってしまったのです。こんな途轍《とてつ》もない所作は、日本民族以外に、ありようはずもない。

宇宙の全存在が、天御中主神の子供として、同胞である、親族である

明治、大正、昭和前期の、日本神道界の巨人、と言われた今泉定助先生は、「我が国体観念の実は一に祖先崇拝の中心的道徳観に存する」(『今泉定助研究全集』第三巻、百二八頁)、としていますます。この「祖先」、という場合、日本民族は、その内容を、実の父母、祖父母、に限定しないのです。タテの秩序をどこまでも登り詰めて、ついに、大宇宙の大親様(それを、我が民族の神典は、天御中主神、と名付けています)にまでたどりつくのです。つまり、我々は全て、天御中主神の子供として生まれたと見るのです。いや、我々のみでなく、この宇宙の全存在が、天御中主神の子供として、同胞である、親族である、というのが、日本民族の国家観であり、世界観であり、宇宙観であったのです。これが、日本の「国体」の、本当の意味なのです。

幕末には、日本民族の先覚者たちは、この自覚に立って、堂々と中国を批評するようになりました。その代表格が、水戸学の会沢正志斎です。彼は、一八二五年(文久八年)、幕末尊皇攘夷運動の精神的原動力となった『新論』を書いて藩主に献上しましたが、当時は、その論旨の激しさから、出版を禁じられました。それが公版され、そして日本全国の世論を指導する聖典として熟読されたのは、実に、執筆の三十一年後、一八五六年(安政三年)のことです。

この『新論』は、日本の「国体」を論じて、冒頭に、我が神国日本は世界の元首である、と

いう趣旨のことを記しています。世界、とあるからには、この中に、中国（当時の清国）も含まれるわけです。これは、日本民族の中国観の大転換と言わなければなりません。日本民族の先覚者たちは、十八世紀末以来、欧米列強がアジア侵略を急速度に推し進め、インドも、中国も、いたずらにこれに屈服してゆく実情を見て、断然、キリスト教の仮面をつけた欧米列強の魔の力と立ち向かうべき日本民族の使命を自覚したのです。

黄文雄氏は、中国人の共通の思想の一つとして、中国人は全て黄帝《こうてい》の子孫、という神話伝承を挙げています。黄帝は、あきらかに、中国人の祖先としての、ある人間、歴史上の人物のようです。つまり、中国人の歴史観は、人間レベルのものに限定されているわけです。これに対し、日本民族の歴史観では、人間は大宇宙の一部分なのです。ここに、「日本は神国なり」という思想の神髄を見なければなりません。

儒教を国教に、中国（明、清）に限りなき同化を国策とした李氏朝鮮

今、韓国では、異様なまでの民族自尊心の高揚が見られると聞いています。そしてそれは、まっすぐに、反日、侮日、憎日、排日の気運に突進しているらしいのです。日本人は、概ね、この憎日の空気を、柳に風と受け流していますが、もしも、日本人がこれにまともに対抗したら、日韓関係はそれこそ、ほんものの武力戦にエスカレートしかねない、険悪な関係にあるとも思えます。

伝えられるところによれば、現代韓国の学者、知識人は、徹底した反日、いや、反日というよりも、日本を見下し、日本を軽蔑し、侮辱する言動、言論一色に塗り潰されているもののようです。それによると、

①日本民族に文化はない。

②日本の過去の価値ある文化は全て、韓民族が与えたものである。

③日本民族の独自な性格、特徴は、否定的、マイナス、害悪、邪悪なものでしかない。

④日帝占領三十六年云々、については、山ほどの言論がなされている。

⑤日本をやっつけるのに役立つなら、真っ赤なウソだろうと何だろうと、問答無用で宣伝する。

⑥極端な人たちになると、日本は悪魔の国である、日本の神社仏閣は悪魔のすみかである、天皇や天照大神は悪魔の大将である、などと、大まじめで公言しているとも聞きます。

日韓両民族の間が、これほどにこじれてしまっているのは、本当に頭の痛いことです。普通の日本人は、韓国の歴史の全体像について、まったくといってよいほど、知識を与えられておりません。

しかし、少なくとも、日本人は、李氏《りし》朝鮮史（一二九二〜一九一〇年）についての、最小限の教養は持つ必要があるでしょう。この李氏朝鮮は、儒教を国教として、限りなく、中国（明、清）に同化することを国策としています。それが五百年以上続いたのですから、その浸透度は、

我々日本人の想像を絶するものとなったのではないでしょうか。

この間、朝鮮民族は明らかに、日本民族を見下してきたのです。つまり、中国（中華帝国の総本家）→中華文明の優等生としての李氏朝鮮→未だ蛮族のレベルにとどまっている低劣、下劣、あるいは、せいぜいお世辞を言っても、はるかに格下の未熟な民族、日本、という、紋切り型の日本観が、李氏朝鮮の時代に、しっかりと定着したのではないでしょうか。

中華崇拝の朝鮮指導層は、ユダヤ・ヨーロッパ列強の侵略にまるで無感覚

ところが、実は、この李氏朝鮮の五百年の間に、彼らの国家経営の根本的条件に、深刻重大な変化が生じつつあったにもかかわらず、この国の国家指導者は、それを真剣に研究し、調査し、対処することを怠るという、大きな誤りを犯したのです。それは、ユダヤ、ヨーロッパの世界支配、という要因です。ユダヤ、ヨーロッパ列強の侵略の前に、アジアも、そして中華文明も、日々、危機に陥る、この新しい状況から、朝鮮民族は目をそらしたのです。

日本は戦国末期、キリスト教の仮面をつけたユダヤの強襲を受けました。そして、日本民族は、信長の時代、猛烈な逆襲をかけたのです。こんなことは、ユダヤ、ヨーロッパにとっては夢想だにしない出来事です。そこで、ユダヤは、信長暗殺の謀略を仕掛け、そして秀吉を、（朝鮮半島経由で）中国（明）出兵に誘い出した、と、筆者は推理しています。家康は、ユダヤ、ヨーロッパの侵攻に対し、守りを固める国策に転じたのですが、李氏朝鮮の指導層には、

このような世界情勢の根本的変化がまったく見えていなかったのではないでしょうか。ということは、(既に、ユダヤの世界征服が半ば、成就《じょうじゅ》されていた)十九世紀前半に至っても、彼らにとって、中国(清)のみが世界であり、その他は全て蛮族、であり続けたのです。

十九世紀初頭に、この世界認識(そしてその土台としての、中国の位置付け)において、日本民族の指導層と、朝鮮民族の指導層の間に、とても埋めることの出来ない非常な差が出来てしまったのです。我々は、今日の日韓関係のこじれの起点を、少なくともここまで、遡らなければなりません。ここに生じたねじれは、その後の百数十年、緩和されるどころか、ひどくなる一方だったのではないでしょうか。したがって、我々は、このこじれ、ねじれ、もつれが、小手先の細工ではどうすることも出来なくなっていることを悟らなければなりません。

中国の皇帝をさしおく天皇呼称、日韓併合で逆上、韓国は憎日・憤日に

明治新政府が出来て、早速、日本は、李氏朝鮮との国交再構築を図らねばなりません。ところが、日本新政府の外交文書に、天皇、と署名してあるのを見て、朝鮮の為政者は逆上しました。これは当然でしょう。彼らの心理はよく理解できます。彼らの世界像では、この地上に唯一人の中国(当時は、清)の皇帝が居り、その周囲で、中華文明に最もよく同化している国々がある、そして、中国の皇帝は、その国々の君主に、王、という名を授与するのです。朝鮮は、中国から認められた国王、を戴いているのです。ところが、なんと、あの日本が、皇帝よりも

もっと上位にあると言えないでもない、「天皇」を称して国書を送ってくるとは。これを憤慨せずにいられれようか。

明治初年のこの憤怒、憤激は、収まるどころか、いま現在、ますます燃えさかっているのではないでしょうか。しかもあろうことか、その後の四十年余、朝鮮は、中国とともに、ユダヤ、ヨーロッパの侵略の標的となり、ついに、日韓併合で、日本の天皇が韓国（李氏朝鮮の末期に、この国は、「大韓帝国」と国名を改めました。現在の韓国は「大韓民国」と称していますが、もちろん、「大韓帝国」を継承するということでしょう）を統治する、という結末になってしまいました。

これでは火に油を注ぐようなもので、韓国民族の日本に対する恨みは、三十六年の三十六倍も続く、などと言われるのも、もっともです。欧米帝国主義の植民地支配と比べて、いかに日本の朝鮮統治が善政であったか、などと言ってみても、そんな文句は耳に入るどころか、まるで逆効果となるだけでしょう。つまり、問題の根は、朝鮮が中国（中華文明）に支配され、むしろついには、中華文明を熱烈に崇拝するに至る、二千年の歴史に発しているわけです。

韓国は新しい主人ユダヤ欧米（皇帝）に近いことを誇り、日本に優越感

ところが、その肝腎の総本家の中国が、ユダヤ欧米に敗れ、秦の始皇帝以来二千年余継承されてきた中華の皇帝も、清朝で断絶、そのあとに出てきた中華民国の指導者は、孫文も蒋介石

韓国併合によって大日本帝国領となった朝鮮を統治した朝鮮総督府。「大韓帝国」の民にとっては中華文明に支配された2000年の歴史はまるで問題ではなく、日本統治下の36年だけが恨(ハン)の源泉となっている。

京城(現ソウル)に建立された「官幣大社朝鮮神宮」。日本の朝鮮統治は歴史上他に類を見ない善政的な植民地支配であったことは日韓双方の研究者が指摘しているのだが。

も、フリーメイソンに組み込まれています。韓国の指導層も、中国にならって、ユダヤ欧米に系列化されるのが時の勢いというものでしょう。

彼らの目は、新しい世界の主人（皇帝）としてのユダヤ欧米（そしてキリスト教）に向けられるのです。この主人（皇帝）の座からの距離を問題にするわけです。つまり、自分たちの方が、日本よりも、新しい主人（皇帝）に近い、として、そこに、日本に対する優越性を確保したい心理です。そして、そうなるための、最も手っ取り早い方法は、キリスト教徒になってしまうことです。

李承晩《リスンマン》（韓国初代大統領）の人生は、多分、この潮流の見本ではないでしょうか。彼はキリスト教徒になり、白人アメリカ女性（もちろんキリスト教徒）を妻とすることによって、心理的には日本人を「黄色い猿」と見下し、蔑視し得たのでしょう。

韓国は、キリスト教を武器として、にっくき日本を攻め、日本人を降伏させる

今、韓国では、キリスト教徒が急成長しており、人々の四〇％に達しているのみならず、日々、増加中、と聞いています。このままでは、いずれ、キリスト教徒が絶対多数を占め、儒教も仏教も消滅してしまうかも知れないのです。アジアで、こんな現象が起きたのは、フィリピンと韓国の二カ国のみです。韓国キリスト教徒は、日本人を、はるかな高みから見下ろす心境ではないでしょうか。彼らは、確信を以て、日本を、悪魔の国、悪魔の棲む国と断言するこ

とが出来ます。その証拠に、日本人は、キリスト教を受け入れず、悪魔の宗教（神道と仏教）を信じている、と、彼らには見えるでしょう。

非常に困った展開となりました。我々日本人の気づかないうちに、日韓両民族の宗教状況が、完全に異質、かつ敵対的なものに変質してしまっていたのです。韓国人は、キリスト教を武器として、にっくき日本を攻め、日本人を降伏させることが出来る、という具合になっているらしいのです。この武器があれば、日本の天皇（もっとも、韓国人は、「日王」と表現し、天皇とは決して記述しないようですが）など、何するものぞ、というわけです。

しかし、こんなことをして（国を挙げてキリスト教に改宗して）、韓民族の将来は大丈夫なのでしょうか。我々のお隣に、キリスト教国が生まれつつある。これは、日本民族にとって、天地がひっくり返るような超重大事件です。我が日本民族は、それ故、キリスト教について、そしてその前提にあるユダヤ教について、真剣に取り組まざるを得ない立場に立たされているのです。かつて、千四百年ほど前、朝鮮半島（百済、新羅）から仏教（中国化された仏教）が、我が国に渡来しました。今、また、韓国がキリスト教国となれば、日韓両民族の精神的葛藤はどこまでもエスカレートしてゆくでしょう。

キリスト教、と自称しているが、内実は悪魔（ルシファー）崇拝教

なぜなら、いま、韓国人が、キリスト教、と見なして信じつつあるものは、実は、イエスの

教えと正反対のものであり、人間を滅亡に誘い込む、悪魔（ルシファー）を崇拝する宗教と思われるからです。もしそうだとすれば、我々の隣国は、キリスト教国ではなくて、反キリストの宗教、悪魔（ルシファー）教の国に変形しつつある、ということになります。こんなことは考えたくもありませんが、しかし、傍観するにはあまりにも重大な事態です。

今、韓国で急増殖しつつあるキリスト教は、第二次大戦後、アメリカから持ち込まれたプロテスタント派が主のようです。ところで、アメリカはキリスト教国でしょうか？　確かに、我々は、そのように聞いていました。ところが、実はそれが間違いであった、あるいは、いつの間にかアメリカは、キリスト教国ではなくなっていた、むしろいまでは、真の意味でのキリスト教徒は人口の数％ぐらいの、絶対的少数派となっていた、と、言われるのです。

キリスト教と自称しているものは、これが真っ赤なウソで、その内実は悪魔（ルシファー）崇拝教になってしまっている、とも言われるのです。このようなものがアメリカから韓国に入り込み、そこで根を張ってしまっては、日本民族は、アメリカと韓国から、宗教的、精神的に、挟み打ちにされるかも知れません。

清国が滅び、食人文化も含む歴代中華帝国の六大特徴は表舞台から消えたが

一九一二年の革命で清国が滅び、これによって秦の始皇帝以来、二千余年も続いた中国の皇帝制も終焉《しゅうえん》しました。そしてそれとともに、歴代中華帝国の六大特徴、

①皇帝の絶対専制
②宦官《かんがん》
③科挙
④女性の纏足《てんそく》
⑤食人文化
⑥中華と四囲の夷、蛮族、の秩序

は、いずれも、表舞台から姿を消さなければなりませんでした。つまり、それとともに、三千年も維持された食人の公的システムも、消滅したことになっています。しかし、これらの制度は、中国社会の必要不可欠の要素であったのですから、果たして、いわゆる新中国はうまく動いてゆくでしょうか。新中国と旧中国は、本質的には同じものなのか、それとも、まったく異質な国なのか。

ハワイ王はアメリカ白人のハワイ侵略時、明治天皇に助けを求めたが

日本民族の中国観は、幕末から現在にかけて、激しくゆれ動き、百人百様の中国観が入り乱れ、混乱をきわめています。中国研究を職業とする専門家に至っては、日本民族にとって、無用の長物どころか、百害あって一利なし、という存在になり果てているのではないでしょうか。

明治になって、ハワイ王国がアメリカの侵略の標的とされた時、同国の国王は、明治天皇に特

使を送り、

①ハワイ王室と日本の皇室の間に縁組みを交わし、ハワイを日本帝国の領土にすることよって、アメリカ白人のハワイ侵略の企図から救ってほしい、

②日本帝国は、アジアの盟主として、白人の侵略を打破する戦いの音頭をとってほしい、

と、要請したそうです。その時、明治天皇は、

①中国（清国）は、日本がアジアの盟主となることを容認しない、

②日本は、ハワイに版図《はんと》を広げる国力の余裕がない、

という理由で、ハワイ国王のこの頼みを断わったとされています。その後、間もなく、アメリカは武力でハワイを併合しました。

日本は、自衛のためにやむを得ず、台湾・朝鮮を領有し、満州に進出

日本民族は、幕末からしばらくの間、中国（清国）を、なお、東洋の宗家、として立てる気持ちでいたのです。しかし、いかんせん、現実がその期待を裏切りました。阿片戦争での敗北以来、清国は欧米列強の強襲の前に、なすところなく後退し、打ち砕かれ、分割されてゆくのです。日本が無為のままこの事態を傍観していると、中国大陸全てが欧米の植民地となり、日本列島は四囲をぐるりと欧米勢力圏に包囲され、絶体絶命の危地に追い詰められ、やがては欧米に無条件降伏するか、さもなくば玉砕《ぎょくさい》するしかない。

ハワイ王国の国王デイヴィッド・カラカウア。大日本帝国と同様に立憲君主制をとっていたが、アメリカの侵略により政権は転覆した。

カラカウア国王の悲痛な救援要請を受けた明治天皇だったが、強国アメリカの武力と、中国の対日圧力を斟酌して頼みを断わった。

それに、困ったことに阿片戦争をきっかけにして、中国人の中に、いわゆる売弁《ばいべん》階級が出てきました。売弁とは、利につられて欧米勢力の手先となる中国人を意味します。その最大なるものが、上海を根城にして成長した宋一族の浙江《せっこう》財閥です。

日本は、自衛のためにやむを得ず、台湾、朝鮮を領有し、満州に進出しました。もし、日本がそれをしなければ、台湾は英国または米国が盗り、朝鮮、満州はロシアのものとなり、やがて北海道も欧米に占領され、それから、対馬、小笠原、沖縄、その他の日本近海の諸島が盗られ、日本そのものも、欧米列強に分割される運命だったのです。そうなってしまえば、全世界の欧米白人列強による領有（有色人種はことごとく、白人の奴隷、家畜となる）が完了していたでしょう。

欧米白人の侵略に立ち向かう東洋の盟主は日本

日清戦争（明治二十七、八年）は、一言で言い尽くせない、非常に複雑な性格を持っています。とにかくこの戦争（それは、海上での両国艦隊の決戦と、朝鮮半島その他の局地的陸上戦を含んでいます）で日本が勝利したことによって、日本民族の中国観が変わり始めたことは確かです。つまり、欧米白人の侵略に立ち向かう東洋の盟主は日本である、という意識が芽生えてきたのです。

けれども、同時に、日本の指導層の主流は、欧米と協調して、欧米とともに中国の植民地分割戦の分け前を頂こう、という、弁明の余地なき、邪悪で悪魔的考え方に傾きました。すると、すかさず、欧米は、うまく立ちまわって、中国を、反日一本やりの方向に誘導したのです。日本の中国政策は、この辺から（第一次世界大戦後、日本政府が中華民国に突きつけた、対華二十一カ条の要求が有名ですが）、支離滅裂となり、やることなすこと、ことごとく裏目に出て、五里霧中の状態に入ってゆくのです。

日本民族の中国観は、未だに、この時の混乱、混沌から脱していない、と、私は見ています。外交の直接の責任者である外務省の中国担当官はもちろんのこと、政府首脳、与野党首脳、マスコミの中国専門家、学者、企業の中国担当、その他、日本の中国関係者の意識、認識の程度は、要求される水準よりも、二ケタくらい低い、という印象です。

多少なりとも中国の実相の一端でも把握している日本の専門家（ごく僅かな）の声は、ほとんどまったく日本の関係各界に相手にもされていないのではないでしょうか。これは、日本民族にとって、実に困った事態です。何よりも、日本民族は、「困った！」、ということを自覚もしていないのです。中国がどうなろうと、対岸の火事、くらいの心算でいるのでしょうか。しかし、それは重大な錯誤というものです。

中国にとって、過剰人口問題の「解決策」の一つが、戦乱と食人文化

中国史三千年の最大の問題は、過剰人口ですが、中国を幻想の世界で美化して来た、穀潰《ごくつぶ》し

の我が国の中国専門家の意識には、この問題がまるっきり、存在しないのです。中国にとって、過剰人口問題の「解決策」の一つが、戦乱と食人文化であったのです。かつて、毛沢東全盛時代に、毛は、米ソとの核戦争も恐れない、なぜなら、中国には十分な人間がある、核戦争で半分死んでも、また再出発できるからだ、と豪語しました。

放射能を考えると、そんな具合にゆくとも思えないので、毛のこの放言は、何らかの政策というよりも、単なる自暴自棄でしょう。今、中共政権は、十一、二億の公式人口をかかえて、厳重な一人っ子政策を実施しています。それでもなお、二、三億人の過剰人口が推定されています。この過剰人口の圧力が噴出しないように（つまり、農村人口が外部に移動しないように）、軍隊（「人民解放軍」という名前を名乗っています）が、武力で無理やり押さえつけているのです。つまり、今や、皮肉にも、「人民解放軍」の銃と大砲は、「人民」に対して向けられているのです。中共中央の政権は、秩序を維持する力を徐々に失いつつあります。

中共の中央集権的統制力が崩壊すると、内陸部の過剰人口は沿海地方に向かって流れ出し、さらに海を越えて東南アジア、台湾、日本列島に押し寄せることになります。既に、繰り返し、中共の当局者はそのことを、外国政府に警告しています。その数は、一億、二億、というレベルに達するでしょう。縄文時代の末期、戦国末期、秦帝国成立時の中国の難民が日本列島に流れ着いて、稲作農耕が始まったものと推定されていますが、今回の中国難民は、果たしてどんな結末になるのでしょうか。

中共政権は、揚子江生態系にとどめを刺す

台湾は、日本統治時代に、中国本土とはまったく異質な国と成った、と、黄文雄氏のような作家は見抜いています。けれども、本土から大挙して何百万人、さらには、一千万、二千万もの難民が押しかけられては、台湾も、収拾がつかないことになります。中国文明は、既に老衰し、衰亡してゆくだけだ（つまり放っておけばよい）、という説を立てる人々もいます。ここで、中国文明、という時、それは、黄河文明、と言い換えてもよいでしょう。

五千年かかって、中国人は、黄河を喰い潰したのです。そしていま、彼らは、揚子江を喰い潰しにかかっています。揚子江中流、三峡《さんきょう》ダム建設の大愚挙を、中共政権は強行しました。中国文明は、黄河の生態系を破壊したのち、約一千年前から、揚子江流域の破壊に本格的に乗り出し、そしてついに、中共政権の時代に、揚子江生態系にとどめを刺すつもりのようです。日本民族は、これを、黙って見ているだけでよいのでしょうか。

中国美化・中国崇拝病患者とその裏返しの中国蔑視派

思えば、我が国には、中国文明の全体像を識《し》らない、中国美化、中国崇拝病患者（その裏返しに過ぎない、中国蔑視派）が多過ぎました。中国は、軽視したり、無視することは不可能です。この国は、国際連合公認の核兵器と、ミサイルを所有しているからです。この核ミサイル

は、欧米には到達しませんが、インドや日本には、軽く届きます。

つまり、中国は、アメリカやロシアが黙認すれば、日本を核攻撃で脅迫できる立場にあります。軍事力では、日本は中国に対して無に近いわけです。中国崇拝病は笑止千万ですが、中国軍の核ミサイルが健在である限り、一部の日本人の中国恐怖病は、十分に根拠があります。

中国の核兵器体系は、旧ソ連の技術を基礎に、自力で開発したことになっていますが、真相はよく分かりません。国際連合安保理事会で拒否権を持つ五大国は、中国を含めて、一九六〇年代までにいずれも核武装し、核兵器の独占体制を打ち立てました。アジア、あるいは黄色人種、有色人種で核武装しているのは、中国のみです（これは事実上、中国がアジアの盟主であると自称することを可能にします）。

過剰人口と過剰開発の重みで崩壊しつつある中国の生態系

我々が中国の前途に不安を感じるのは、中国の生態系が、過剰人口と過剰開発の重みで崩壊しつつあるからです。にもかかわらず、いまなお、我が民族は、中国の真実を直視せず、恐るべき幻想にとらわれています。その端的な現われが、中国食人文化の無視、でしょう。

私は数年前、中国の気功術にすっかり惚れ込んだ日本人女性と話をしたことがあります。この女性は、わざわざ中国まで、気功の勉強に出かけるほどの入れ込みようでした。彼女の目には、中国文化が理想化され、崇拝の対象ともなったようでした。しかしその時、いまの中国をよく知っている在日華僑の某氏は、「中国の前途は絶望だ。特に、小学校レベルの一般教育が崩壊している。民衆相互の間の人間的信頼関係も破壊されている」と、その女性に忠告していました。

確かに、中国には、過去の文明の貴重な遺産が数多くあるでしょう。そして、中国が世界の中心である、という中華帝国主義イデオロギーは、そっくりそのまま、生き続けているかも知れません。けれども、現代中国文明は、その足もとが崩れ始めているのです。中共式社会主義（共産主義）は、それを阻止できず、促進しただけですが、アメリカ式資本主義も同じ結果を生むでしょう。

中国文明の根本的欠陥、ないし限界の一つとして、中国の（漢字による）言語体系の未成熟、弱点を指摘する説もあります。日本民族は、漢字と平仮名、片仮名を組み合わせ、五十音図を生むことによって、言語の潜在力において、中国文明を、何ケタも上回っているのかも知れません。

中国の国家機構にも浸透している外国勢力と結びついた犯罪秘密結社

月刊「現代」（一九九二年九月号）に、杉田望氏が、「〝中国マフィア〟衝撃の全貌」という、迫真の現地取材ドキュメントレポートを発表しています。マフィア、というのは便宜上の通称で、別の言い方をすれば、「犯罪秘密結社」、となります。中国の歴史では、「幇《パン》」、と呼ばれていました。「マフィア」は、イタリアのシチリア島に発生した犯罪秘密結社で、イタリア移民とともにアメリカにも根を張り、本国のイタリアにも逆流して、世界的な麻薬流通を握り、イタリアのみならず、ヨーロッパに重大な脅威を与えている、と伝えられています。イタリアでは、政財界主流までがマフィアに汚染されている、というのですが。

杉田氏のレポートによると、中共軍が中国全土を占領して、当時のマフィアを壊滅した。上海だけでも、五十万人から百万人のマフィアを銃殺、強制収容所で命を落としたマフィアはその数倍、としています。マフィアに最後の止《とど》めを刺したのが文化大革命、とあります。これによって、一九七〇年以降、中国大陸のマフィアの消息はぴたりと途絶えた。

ところが、一九九〇年以降、上海に、外国勢力と結びついた犯罪秘密結社が出現し、広東、福建省では、彼らは既に、中国の国家機構にも浸透している、広東省だけでもその構成員は少なくとも十万人、準構成員を加えるとその数倍。マフィアが支配する地下経済は国家財政に匹敵し、武器輸出、麻薬、売春、密輸車売買から不動産の取引まで、膨張している、というのです。広州では、マフィアへの上納金を拒否した貿易商が深夜ガソリンで放火され、一家が惨殺された、という事件が、一九九一年末に起きたそうです。

ユダヤ・サッスーン財閥傘下に軍閥とマフィア(幇)の野合が、蔣介石国民党政権

今、中国大陸では、広東と雲南（麻薬）を基点に、揚子江沿いの大都市（上海、南京、武

漢、成都）を攻略し、揚子江以北に侵攻を開始しようとしているマフィアと、これを阻止する中国政府公安当局の間で、激しい攻防が繰り広げられている、と杉田氏は報じています。広州では、麻薬売買に関与したマフィア一味四十人近くが処刑され、雲南省では三百人に上るマフィアが摘発され、半数近くが処刑された。しかし、「逆にマフィアたちは結束を固め、犯罪の手口はますます巧妙となる」。

大新聞やテレビでは、中国大陸のこのような実相を知らされないので、日本国民の中国認識は一種異様な、とりとめのない幻想とならざるを得ません。しかし、中国のマフィア禍は、日本人には関係ない、対岸の火事だ、などと考えている人があるとすれば、それは大きな誤りです。中国マフィアは、台湾の暴力団（マフィア）と連結しており、そして、台湾の暴力団は日本に確固たる地盤を築いているのです。中国マフィアは、日本への密出国を、一つのビジネスとしているし、トカレフ型拳銃も、彼らの手を通じて日本に大量に入ってきているようです。

実は、かつての蒋介石の国民党政権（大陸）は、マフィア（幇）と一体のものであり、その実体は、マフィア（幇）そのもの、であったと言われています。中国国民党の父、孫文《そんぶん》の三民《さんみん》主義（民主、民権、民生）のスローガンは、表面を飾り立てる美名に過ぎず、その中身は、軍閥とマフィア（幇）の野合に過ぎなかった。それを統合していたのが売弁財閥であり、その売弁の上に、上海のユダヤ、サッスーン財閥（これは、ユダヤの総本家、ロスチャイルドの極東代理人です）が君臨していた、というのが、七十年前（つまり、一九三〇年代）の中国の、赤裸々な実情です。
当時のユダヤは、このシステムを、全中国大陸に貫徹させたかったのです。その頃、上海租界は、中国大陸の中のユダヤ、フリーメイソンの牙城でした。そこの公園には、「中国人と犬、入るべからず」という立て札が立てられていたそうです。

ユダヤは中共政権・マフィアを道具立てに中国大陸変乱に日本を巻き込む

ユダヤの世界征服作戦の最終局面は、中国大陸における彼らの覇権の確立でしょう。この目標は、一九四五年の日本の敗戦によって、達成のメドが立ったはずでした。なぜなら、日本降伏後の中国の正統政府となった蒋介石の国民党政権は、まるごと、ユダヤ、フリーメイソンの傀儡《かいらい》に過ぎなかったからです。

ところが、ここに大きな狂いが生じました。ユダヤの計画では、日本を駆逐するための一時的な補助具のつもりで利用していた中共軍が、米ソのコントロールを脱して、蒋介石の国民党軍を散々打ち破ってしまったのです。このために、ユダヤの中国大陸支配のプログラムは、五十年遅れています。

しかし、ユダヤは、鄧小平の改革解放政策をきっかけにして、中国分裂の動乱を仕掛け始めたようです。中共政権の樹立によって追放された上海のフリーメイソンは、最近、堂々と帰還し、上海に会堂を再開した（もちろん中共政権の公認の下で）、と伝えられています。サッス

アルバート・サッスーン。サッスーン財閥の二代目であり、「香港キング」の異名を持ち、絶対的な金権支配力をもって中国人社会に君臨した。

サッスーン財閥は、東インド会社の本拠地ムンバイにユダヤ教シナゴーグを築いた。今日でも「サッスーン・ライブラリー」として現存している。

往時の上海租界。中国大陸でのユダヤ・フリーメイソンの牙城であり、「中国人と犬、入るべからず」という立て札が立てられていた。

ーン財閥の継承者として、東アジア一帯のユダヤの総代理人の役割を果たしている、ショール・アイゼンバーグの上海事務所も、開設を認可されたそうです。

中国大陸で猛威を振るい始めたマフィアが、ユダヤと無関係のはずはないのです。ユダヤは、マフィアを媒介として、中国の軍隊の一部を引き入れようとするでしょう。とりあえず、広東と福建の軍がユダヤの浸透の対象、というところでしょうか。英国のジャーナリスト、ウィンチェスター氏が、『太平洋の悪夢——日本に再び原爆が投下される日』という近未来政治小説を書いています（日本語訳は、飛鳥新社刊）。この小説では、一九九七年の香港の中国返還の直後、中国に内乱が起き、中国は南と北に分裂する、とされていました。南は、広東を拠点にした、欧米式の自由主義政権、北は、旧来の中共政権、というわけです。

この中国の内戦に、アメリカの警告を無視して日本が介入、出兵する（これは、いくら小説とはいえ、途轍《とてつ》もない妄想に過ぎませんが）、そして中共政権が日本に核ミサイルを発射しようとする、それを偵察衛星で知ったアメリカが、その寸前に、東京湾上空で小型原爆を爆発させ、日本軍は中国から撤兵する、アメリカは第三次世界大戦の危機を救い、全世界から感謝される、という、読んでいるうちにバカバカしくなるお話です。けれども、この種の作品を、軽視することは誤りです。なぜなら、それは、東アジアに動乱を仕組んで、これをそっくりユダヤの配下に置くための構想の一端以外のなにものでもないからです。

欧米崇拝病に取り憑かれた学者と政府高官、「エノラ・ゲイ《天皇を屠殺せよ》」号にも賛意

我々日本人は、このような人工的に仕組まれた変乱を、本能的に嫌悪する傾向を持っています。嫌悪は、無視、につながります。けれども、この五百年来のユダヤ白人西洋列強の行動は、この種の謀略で充ち満ちているのです。しかも、明治初年以降、今日まで、我が国の学校教育は、欧米崇拝病に取り憑かれた学者と政府高官の方針で、近代西洋の光り輝く側面のみを児童生徒に教え、その恥部、急所、醜い実体は隠蔽して、決して国民に教えないできたのです。したがって、当然にも、日本国民は、この五百年の世界史について、白痴に等しい水準に置かれています。

これは、偶然ではなくて、日本の国家の意思の結果である、と言わざるを得ないのです。広島に原爆を投下したアメリカ空軍機には、「エノラ・ゲイ」という愛称が付けられていたことは、一部の日本人は知っています。しかし、この聞き慣れない言葉は、実は、ユダヤ民族の使うヘブライ語であり、その意味は、「天皇を屠殺せよ」、であったことを承知している日本人はほとんどゼロでしょう。日本のマスコミがそれを報道しないからです。それに、昭和十九年から二十年にかけて、原爆投下を含めて、日本の主要都市を焼野が原にした無差別空襲の指揮を執った、米戦略空軍司令官カーチス・ルメイ大将に対して、日本政府は、日本国の最高級の勲章、勲一等旭日大綬章を与えています。

今日のマフィア、阿片戦争、太平天国の乱の背後にユダヤの影

ユダヤの中国大陸への侵入は、春秋戦国時代に遡ることが出来るようですが、明、清までに、中国内のユダヤ居留地は消滅し、漢族の中に吸収同化されてしまったもののようです。開封という小都市には、ユダヤ教徒のコロニーの痕跡が残されています。他民族の中に同化される、ということは、ユダヤにとっては最悪の失敗であり、敗北である、と受け止められていることを知らなければなりません。中華民国の建国の父、孫文が、実は、ユダヤ系中国人であった、という説があります。さらに、中国共産党内で、毛沢東に次ぐナンバー2、中共党総書記、中国国家主席であった劉少奇《りゅうしょうき》も、実は、ユダヤ系、という情報も伝えられています。

今、中国大陸で、中国公安当局と熾烈な攻防戦を展開しているマフィアの背後に、ユダヤの影を見ないわけにいきません。日本政府も、日本国民も、この状況に、何の興味も、関心も、そして切迫した危機感も持たない様子ですが、我々は、百数十年前の阿片戦争と、それに続く太平天国の乱を、ユダヤの謀略の視点から、改めてふり返ってみなければなりません。この事件の筋は、

①清末の農民一揆を、キリスト教を奉じた一派が指導してこれを「太平天国」と称した。
②清朝はこの乱を処理する能力を失い、英国軍にその平定を依頼した。

広島に原爆を投下したB29の「エノラ・ゲイ」号の名の真の意味が「天皇を屠殺せよ」だと知る日本人がどれだけいるだろうか。

広島・長崎に原爆を投下、東京をはじめとする日本の諸都市を焼き尽くして無辜の非戦闘員を殺戮した指揮官カーチス・ルメイ大将には勲一等旭日大綬章が授与された。

日本國天皇はアメリカ合衆国
裕仁
内閣総理大臣 佐藤栄作

ルメイ叙勲を強く推進したのは時の総理大臣・佐藤栄作（その後ノーベル平和賞受賞）、防衛庁長官・小泉純也（小泉純一郎元首相の父親）だった。

③英国は、ごく少々の自国派遣軍と、再編された清国軍で太平天国を打ち破ったが、その結果、英国は中国大陸に確固とした地歩を築く結果となった。

というのです。英国（という仮面をつけた国際ユダヤ）が、太平天国を裏から操り、表では清国政府を援助する、という、両建て謀略を組み立てたと考えられないこともありません。

ユダヤの中国侵攻作戦は、約百五十年の歴史を経ています。彼らは、世界征服（世界人間牧場の完成）の最終目標となるべき「中国大陸処分」を、二十一世紀に持ち越すつもりのようです。彼らのつもりでは、「中国処分」とは、何を意味するのでしょうか？　それは、表向きは、

①儒教に集約される五千年の中国の伝統文化（もちろん、それとともになる伝統的社会秩序）の完全な解体（つまり、中国の民族的団結力を破壊する）。

②欧米的自由と民主主義、人権の価値観一色で中国を塗り潰す。

ということになるのではないでしょうか。日本人は、ユダヤ白人欧米列強が、究極的には、中国をこのように料理すべく、対中国政策を堅持していることを、まったく自覚していないように、私には見えます。

［第五章］

共産中国解体から始まる「宇宙一」の「発狂中国」

魔物のアジェンダにとって最大の障害物は、神国日本。ために四千年の昔から、隣国中国に日本壊滅の芽を周到に仕込んできた。それが「食人文化」という罠。日本民族と同胞の原住民苗族を追い払い、出自不明の遊牧牧畜民族を侵入せしめ武力征服王朝を擁立。とことん自然豊かな大地を破壊しつくした。いよいよ最終段階。共産中国もその任務遂行に支障をきたしたら、解体するのみ。かくて魔物配下の国際ユダヤは、次になにを仕掛ける？

麻薬売買の利益はそっくりユダヤ財閥へ、その悪評判は英国民へ

一九三九年当時の調査では、上海の土地建物の三分の一はユダヤ人の所有と化し、ユダヤ人は、上海を第二のニューヨークに仕立てようとしている最中である（『国際秘密力の研究』第六号、昭和十五年、一二七頁）、そして、上海を基地として、ユダヤは支那を乗っ取ろうとしている、と言われていました。一九三九年というと、昭和十四年に当たり、いわゆる、「日支事変」の真最中です。この「日支事変」は、日本の敗戦後は、一方的に日本の「侵略」として非難告発され、未だに、過去の歴史的事件とはならず、日本が謝罪、賠償すべき悪行とされてしまっています。この、現在の定説、常識の目で見ると、日本が中国と戦争をしている最中だというのに、上海がユダヤの牙城であり続けている、しかも、上海を足がかりにして、ユダヤが全中国を盗りに出ている、とは、不可思議な話です。

けれども、この辺の実相をよく知らなければ、日本民族は、当時も、現在も、中国観が定まらないのです。「支那におけるサッスーンの害毒」という記事（『国際秘密力の研究』第六号）によると、一八三二年創業の、インド（ボンベイ）のユダヤ商人、ダビッド・サッスーンは、一八

四四年に、「支那」に支店を開設、息子のエリアス・ダビッド・サッスーンを支配人として上海に派遣した、とあります。

東インド会社（ユダヤの支配下の）は、一八三〇年代から、中国大陸に阿片を輸出し、清朝政府の抵抗を武力で打ち破り、一八六〇年（明治維新の七年前）には、英国軍が北京を占領し、阿片売買を公認する条約を清国に押し付けています。そして、サッスーン商会が阿片売買の専売権を得たのです。二十世紀初頭までの約七十年間、ユダヤは、中国での阿片売買によって巨富を得たのみならず、この富を使って、上海をニューヨークに匹敵するユダヤの巨大都市につくり上げ、ユダヤの金に群がる売弁資本を中国人の中に育成し、阿片、麻薬の大量供給によって中国国民の相当部分を廃人化することに成功したのです。

ユダヤは、この麻薬商売という、天人共に許さざる犯罪を英国国旗の仮面をつけて、実行しました。つまり、麻薬売買の利益はそっくりユダヤ財閥へ、その悪評判は英国民へ、というからくりです。

ユダヤ謀略に乗せられて日本と中国は戦争に、悪いのは日本と

ユダヤは、しかし、自分自身と、英国国旗（英国政府）の間に、フリーメイソンという、ユダヤの外郭団体として、もう一つのからくり（トンネル会社のようなもの）を用意しています。ユダヤの世界支配（世界征服）は、この種の、偽装した国際的秘密結社を媒介として行なわれ

るので、普通の人、あまりものごとの裏を考えない善良な庶民には、ほとんど見えない仕掛けになっています。したがって、十九世紀、一八三〇年代以降のユダヤの中国大陸への侵攻が、当事者の中国人にも認識されず、まして、隣国の日本人、韓国人の視野にはまったく入らなかったのも仕方のないことかも知れません。日本民族（その先覚者）が、このユダヤの存在（ユダヤの世界征服の謀略）に気づいたのは、ユダヤの日本侵攻が始まった唐の時代（奈良時代）から、実に千三百年も経った、一九二〇年（大正九年）以降のことです。

そして、ある程度、その全体像に迫り得たのは、昭和十年代の僅か十年そこそこ、人でいえば、東北帝大助教授（ドイツ文学）の愛宕北山（本名、奥津彦重）先生など、ごく僅かな変革者のみ、と言ってよいでしょう。愛宕北山先生には、「日猶抗争としての日支事変」（昭和十三年八月）という、かなり大きな論文があります。私は、この論文が、当時の日本人の世論に、どの程度の影響を与えたのかは承知していませんが、今、読んでみると、非常に高い水準と評価できます。

ユダヤは、第二次世界大戦惹起《じゃっき》を当面の目標としている。そして、そのための手段の一つとして、日支事変を勃発せしめた。しかも、その責任はもっぱら日本にあるかの如くに世界の無批判な大衆に信ぜしめて（つまり、ユダヤが謀略によって日支の武力衝突を起こさせておきながら、その責任を日本に転嫁する）、と、愛宕先生は記述しています。五十年以上経過しても、日本民族はこのユダヤの謀略の図式の中に位置付けられて、何とも言えない、鬱陶《うっとう》しい心理状態に、釘付けにされているではありませんか。しかし、この謀略は、いかにして実現可能とされたのでしょうか。その主たる道具は、中国国民党と、中国共産党（コミンテルン中国支部）です。いずれも、ユダヤの機関であり、ユダヤのコントロール下の武略《ぶりゃく》だったのです。

ユダヤの想定外！ 全世界の有色人種の先頭で日本が欧米帝国主義侵略と戦う

「日本は明治時代からユダヤ政策に利用されてきた。すなわち、中国の資源を狙うユダヤの中国植民地化政策に一役買わされて清国と戦ったことがその一つである」（黒岩重治『歴史の診断』五九頁）、「要するに日本は、中国植民地化とロシア革命のために利用され、その間いい気になって中国大陸へ進出していたが、用済みになるともとの島国に追い返された。邯鄲一炊《かんたんいっすい》の夢であった」（同書六〇頁）という見方もあります。

ユダヤは、人口公称千数百万人（ただし、ユダヤは自分たちの実体を極力秘密としているので、正確な数字は不明です。公称よりはずっと多い、という説もあります）と言っても、その大部分は、アメリカ、ヨーロッパ、イスラエルに居住しており、アジア大陸（世界の人口の約半分を占める）では、微々たる比重に過ぎません。それ故、十七、八世紀に、（英国、オランダの）東インド会社の仮面をつけてユダヤのアジア侵略が始まった時から、ユダヤは、アジアの諸国、諸民族、諸人種の離間、反間《はんかん》工作（アジア人をして、アジア人と戦わしめる）に専念してきました。

アジアが団結してユダヤ（白人キリスト教ヨーロッパの仮面をつけた）の侵略に立ち向かうことをさせない。この謀略は、見事に成功しているのではないでしょうか。彼らは、清《しん》という、大帝国（十九世紀初頭には、清国の国富は、断然世界一、と推計されています）壊滅の綿密な戦略を立て、段階を追って、順次、それを実行に移しています。十八世紀末頃は、世界の超大国であった清国が、僅か百年後には、見るもあわれな老廃国に成り下がり、ユダヤは、上海から、全中国に号令をかけるご主人さまに成り上がってしまっていたのです。

ユダヤの思惑《おもわく》でいけば、さらに百年後の今頃は、とっくに、ユダヤの中国大陸（とアジア全域）完全植民地化（中国人民の奴隷化）が完了していなければなりません。彼らの計画に狂いが生じてしまった原因は、日本の行動です。日本は、日清、日露の両戦役までは、忠実、柔順なユダヤの家来、番犬でした。しかし、日露戦争の過程、そしてその直後から、日本民族の内部に、ユダヤにとって都合の悪い、ある種の目覚め、自覚が生じたのです。

その結果、日本の国論（国策）が真っ二つに割れました。つまり、ユダヤの手下になり続けることによって、安泰を図ろうとする一派と、ユダヤの正体は認識できなかったにしても、欧米帝国主義に対する全世界の有色人種の抵抗と防衛、独立回復の戦いの先頭に、日本民族が立たなければならない、と思い始めた一派、この両派への（単に日本の国論のみならず、日本の国家指導層そのものの）分裂です。

そして、この分裂は、とくに、陸海軍の中で進行しました。日露戦争後、きわめて多くの陸海軍将校が、欧米に対抗し、それを超克する思想、宗教、道を模索して、日蓮系、大本教《おおもと》、各種の神道、その他の団体に近づき、入信し、研究する現象が顕著になってきました。明治中葉に、陸軍少将石塚《いしづか》左玄《さげん》によって創設された「大日本食養会」も、この種の流れの一つでしょう。

フリーメイソン工作で反日に誘導された中国革命運動

黒岩重治氏は、明治時代から、日本はユダヤに利用されてきた、と断定していますが、概括的には確かにその通りかも知れませんが、それ一本、というわけでもなくて、欧米を超克することこそ日本民族の使命である、と考えた人々も決して、少なくはなかったのです。そして、必然的に、そうした人々は、中国人民を、欧米白人帝国主義から救いたいと、真剣に行動することになります。ところが、そこにも、ユダヤの謀略の罠《わな》が仕掛けられていたのです。すなわち、清末からの「中国革命運動」なるものに、既に、ユダヤ、フリーメイソンの手が伸びている。そしてフリーメイソンの手を通じて、中国の革命運動は、反英、反米、反ユダヤには向かわず、そのエネルギーの全てが、反日、に向かうように工作されてしまうのです。親日派は、ユダヤの指揮する国際世論によって、漢奸《かんかん》、におとしめられてゆくのです。

国際ユダヤの意図は、中国内部に大動乱、そして大量の難民を日台韓に

国際ユダヤは、東アジア三国を直接コントロールし得るだけの実力を、未だ、配置はしてい

ないようです。日本、中国、台湾、韓国の、十四、五億人を、今日のアメリカのように、ユダヤの奴隷、家畜とするためには、少なくとも、百万人単位のユダヤ人（ユダヤ教徒）コミュニティが、そこに確立されていなければならないでしょう。そして、このユダヤ教徒を中核とするフリーメイソンなどの秘密結社の中に、これらの国々の指導者層の全てを吸収する必要もあるでしょう。

彼らは、そのための布石は打っているはずです。しかし、そのためには、まず、日中韓の、どうにか（ユダヤの企図と利益に反して）安定している国家的社会的秩序を、一度、根本から瓦解させねばならないと、ユダヤは考えているのではないでしょうか。そこへ持ってゆく方法は？ それは、中国内部の大動乱を人工的につくり出すこと、そしてそれに続く大量の難民（一千万人単位の）を日本、あるいは韓国、台湾に送り込むことです。

現在の中国人が、国際ユダヤのこのような意図を察知しているのかいないのか、私には分かりかねますが、少なくとも、この二、三年の間に爆発的に成長したマフィア（幇《パン》＝組織暴力犯罪集団）が、国際ユダヤにつながっているであろうことは推定できます。

中国解体の鋭利なメス、「人権至上主義」が曲者

つまり、日本列島は、再び、ユダヤの仕組む中国大動乱の渦の中に（受動的に）巻き込まれる直前に位置しているらしいのです。この東アジアの動乱を第一線で指揮する、ユダヤの秘密

工作員、ショール・アイゼンバーグが、上海で今なにをしているのか、その実相は、日本民族の命運にも、深くかかわってくるのではないでしょうか。ユダヤが、中国解体のために用意する鋭利なメスは、「人権至上主義」というスローガンです。この人権思想を中国人民の中に根付かせることによって、中国の伝統（東洋思想、東洋文明、といわれるもの）の全てを、中国人自身が捨て去るように誘導するのです。中国は、果たして、ユダヤの次の襲撃（経済──→文化思想学術──→政治──→宗教──→軍事）を撃退できるでしょうか。

［終章］

中国を発狂させてたまるか

中国が、発狂することで、真っ先に被害を蒙るのは、日本である。スピーディなグローバル時代ゆえ即座にその破壊力は、地球上の万有万象のいのちに波及する。ひいてはアマテラス大御神やアメノ御中主のおわす太陽系、銀河系宇宙空間にも甚大な被害をもたらす。それだけに日本の果たすべき役割は重い。なんとしても隣人中国の病状悪化を阻止し、根本治癒をほどこさなければならないのだ。本書を最初から再読熟考し、中国が破壊的業病を発するに至った経過を冷静に診断し、日本本来の持てる癒しの力を掘り起こし現代にそれをどう再生するかに早急に取り組むしかあるまい。

中国南北内戦SF小説で、日本が無傷で残るのと、原爆投下されるもの

先に『黄禍』という近未来小説についてコメントしました。この小説は未だ日本語に翻訳されていませんが、「アエラ」での短い紹介に続き、今度は「アスティオン」（一九九二年秋季号）で、若林正丈《まさひろ》東大助教授が、もう少し詳しい解説（「中国大崩壊のシミュレーション、近未来小説『黄禍』を読む」）を発表しました。この小説の作者は「保密」氏で、もちろん、仮名（ペンネーム）です。中国の著名な作家で、天安門事件のあと南方に身を隠し、十カ月かけて、この五十万字の小説を書き上げた、そして、一九九一年に、台湾とカナダで出版された、のだそうです。

若林氏の解説によれば、やがて中国では、南北内戦が始まる。台湾軍が南軍側に立って参戦する。敗色濃厚となった北軍は、台北に核ミサイルを発射する。台湾軍は大陸から撤兵する。米ソは、国連の名により、中国の核施設破壊のために、核を撃ち込む。中国の大崩壊が始まる。中国の難民は、シベリアへ、中央アジアへ、ヨーロッパへ、アメリカへ流入する。

生き残った中国の原子力潜水艦から、二十発の核ミサイルがソ連に撃ち込まれ、米ソ間の核戦争を誘発する。地球に核の冬がやってくる。中国の荒野では、人が人を喰う食物連鎖が始ま

る。大崩壊は全世界のものとなる。世界再建の主導力は、相対的に無傷で残った日本と、世界各地に散った中国難民であった、という結末です。

この小説では、崩壊した中国が、世界再建の基礎力となる二つの条件を挙げています。その一つは、馬鈴薯《ばれいしょ》とカボチャをかけあわせた「薯瓜」の発明です。これは、二十日間で結実する（つまり食べられる）という。二つ目の条件は、「逐級逓選制」という、下から上へのリーダー選挙原則のことです。この二つを武器として、世界に散った中国難民は、生き延び、社会を再建する、というストーリーのようです。

旧ソ連（ロシア）は、人類は、自分自身の生命を救うために、腐乱した一本の足である中国を切り落とさなければならない。つまり、中国をこの地球から除去しなければならない。このために全地球が連合し、人類の全ての武装力を動員して中国を封鎖し、一人の中国人も国境から出させず、中国人を中国の国境内で自滅させる、という案を考えましたが、それは実行不可能です。

このストーリーは、シミュレーション（思考実験）に過ぎず、現実ではありませんが、おそらく、このような事態の展開は、ユダヤにとっては悪夢以外の何ものでもないでしょう。中国（中共政権）の破局、崩壊という同じ主題を扱った小説にしても、ユダヤの側から描くとどうなるか。

その見本の一つが先に挙げた、サイモン・ウインチェスターという、英国のジャーナリストが書いた『太平洋の悪夢——日本に再び原爆が投下される日、極東における第三次世界大戦』という近未来小説です。こちらの方は、近い将来、中国が南北に分裂し、内戦が始まる、という出発点は同じですが、そのあとが違います。南軍（広東）を、米英が支援する。そして何と、日本が、自国の権益擁護のために、東北部に出兵するのです。そして中国（北軍）が日本に核ミサイルを発射する寸前に、アメリカが、日本を懲罰する目的で、東京湾上で小型核兵器を爆発させる。このアメリカの「快挙」を全世界が賞讃し、それをきっかけにして、（ユダヤにとって）万事丸く収まる、というお話なのです。

一九一八年ユダヤ世界最高会議は日本打倒の「日支闘争計画」を発す

実は、第一次世界大戦後、日本がシベリアに出兵した際、偶然に、一篇の超秘密文書が日本軍の手に入りました。これは、「日支闘争計画」と書かれてあり、その末尾に、一九一八年九月十七日、モスクワにおける、「最光明大會（ユダヤとフリーメイソン、共産党の合同会議）の荘厳なる会議に於て十五名の會員、國民委員會ソヴェートの五委員、全聯盟共産党中央委員會の秘書役一名が署名し下附するものなり」、と署名してあったそうです（「猶太研究」昭和十八年四月号、八五頁）。

この計画の冒頭に、「一九一八年八月中旬最光明大會はユダヤ世界最高會議より發せられた教書を受領した。此の教書は今後におけるヨーロッパ、及びアジアの同時闘争の決定的計画を提示されている」、と述べ、以下、日本と中国を衝突させ、最終的に日本の打倒に至る詳細なプログラムが、そこに描かれていたというのです。

その後の事態は、一応は、この文書の予定の通りに進んだように見えます。しかし、第二次世界大戦終結と日本の敗戦、連合国の勝利のあとの中国共産党政権は、果たしてユダヤのプログラム通りのものであったのかどうか、はなはだ不透明です。中共のナンバー2、劉少奇は、ユダヤ系中国人であった、という説もあり、ナンバー3の周恩来はフリーメイソンのメンバーであった、とも言われています。毛沢東は、国際ユダヤのコントロールを脱却しようとした、そしてここに、一九五〇年代からの、中国内部の永続的な動乱の真の原因があったのかも知れません。

「大崩壊」が切迫する中国の実情は、四つの「最」がある「綱渡りする巨人」

米ソの核攻撃による大崩壊の始まる中国で、時の政府首脳は、「我が国の食糧備蓄は一カ月前にゼロになった。……死亡率はまもなく倍々ゲームで上昇し、天然資源との均衡点に達する前に十億が死亡するだろう。……我々中華民族はこの必然の死滅に抵抗しなければならない」「抵抗とは中華民族の大移動だ。……中国にはもはや他の選択はない」（「アステイオン」一九九二年秋季号、一二六頁）、と演説するのだそうです。「保密」氏の筆では、その主たる行く先は、アメリカ、ヨーロッパ、とくにアメリカ西海岸と指示されています。確かにこれは合理的です。

アメリカこそ、中国難民にとって生き残る可能性の一番大きな土地に見えるからです。けれども、アメリカはそれを許容できない。

我が国の政府も中国専門家も、そして国民をミスリードする無責任なマスコミも、中国に関しては、歯の浮くようなきれいごとの「日中永遠の友好」の美辞麗句で、自己欺瞞《ぎまん》し続けるのみ。しかし、中国の実情は、「綱渡りする巨人」以外の何ものでもない。中国の「大崩壊」は切迫している。この事実を識《し》ると、現在の日本人の中国観の危うさは、言語を絶します。小説『黄禍』の中で、現在の中国には四つの「最」がある、と言われているそうです。第一は、人口最多、第二は、一人当たりの資源最少、第三は、道徳水準最低、第四は、中国人の物質的欲望が最も貪婪《どんらん》、というのです。この中国人自身による率直な自己評価は、きわめて適切ではないでしょうか。

中国大崩壊ショックを、日本を含むアジア近隣に誘導するユダヤ地下世界帝国

しかし、ユダヤ地下世界帝国の側からこの状況を評価するとしたら、彼らは、いかなる手を打って来るでしょうか？　彼らは、中国の大崩壊のショックが、欧米に向かわず、日本を含むアジア近隣地域に向かうように誘導するのではないでしょうか？　彼らが、そのように考えないケースは、万が一にもないでしょう。つまり、今、日本民族はもし真相を識れば、背筋が寒くなるほどの恐るべき深刻な危機に誘い込まれつつあると、私には見えるのです。

黄昭堂氏（昭和大学教授、『滅亡へ直進する中国』の著者、在日台湾人）のような立場の人々は、中共中国の滅亡は必至と分析し、中国の未来はユーロ的連邦化にあり、という答案を出しています。けれども、これは、残念ながら、歴史的背景の極端な違いを無視した絵に描いたモチでしょう。最近は、日本にも、この種の中国連邦化のモデルを云々する論者も出て来るようになりました。これは、ないものねだり、の見本のような発想です。

この小説の中で、中国は人類にとって腐乱した一本の足だ、という認識が示されますが、しかし、腐った足は中国だけでしょうか？　黒人アフリカはどうですか。それにインドは。この二つの地域は、中国に負けず劣らず、どんどん、腐乱が進行しているのではないでしょうか？　けれども、この事態を招いた直接の誘因は、十五世紀末以来のユダヤ欧米白人の侵略ではないでしょうか？　小室直樹氏、黄文雄氏、柏楊氏、黄昭堂氏、孫観漢氏らの論著は、中国の大崩壊の必然を余すところなく論証してくれていますが、惜しむらくは、この人々は、元凶としてのユダヤ白人文明を摘発するに至らない。したがって、その解答が、見当外れとならざるを得ないのです。

処方箋は中国観のタブーであった「中国食人文化」を正視すること

しかし、日本民族に、果たして、この中国の大崩壊に対する適切な処方箋はあり得るでしょうか？　我が民族は、それを真剣に考察しなければなりません。この課題は、まことに焦眉《しょうび》の急務です。そして、日本民族がそれをなし得るための第一の前提条件が、今まで日本人の（というよりも、中国専門家、学界の）中国観のタブーであった「中国食人文化」を正視することではないでしょうか。しかるに、ユダヤ、フリーメイソンに奪取され、その道具として日本民族壊滅の世論工作をなしつつある日本のマスコミと、ユダヤの手先としての左翼とキリスト教会は、日中関係を、日本の中国侵略（の「犯罪」）へのおわび問題一色に塗り潰しているのです。この件では、特に、占領以後、「朝日新聞」の果たしてきた「国賊」的役割が顕著です。

小説『黄禍』では、一九九〇年代のある年、中共政権は、深まりゆく危機を克服するための方策の一つとして、黒龍江省を五十年間日本に租借する協定を結ぶことになっています。日本はその見返りに、中国の全ての外債の肩代わりをするという条件付き、というのです。これは、まったくためいきの出るような事態の展開です。中国の危機がのっぴきならないレベルに来てしまえば、日本政府も、ここまで中国にのめり込まないわけに行かなくなることもあり得るでしょう。

しかし小説では、この協定が調印されようとしているまさにその時、黄河が決壊して、三千万人の難民が発生する、そしてそれから手のほどこしようがないスピードで崩壊が進行することになっています。「中国食人史」を研究してきた我々は、このような情勢の転移をも、少しも意外とはしない、思考の枠組みを持ち得るのではないでしょうか。

（了）

［編者解説］守屋 汎

太田龍の珠玉の陰謀史観を知らねばあなたも日本国も滅びる

太田龍を知らねば、西洋もアメリカも日本も、いったいその正体が何なのか、その来し方行く末は何なのか、さっぱり見えてこない。

太田は一刀両断、いつも小気味よく結論を出した。その結論を出すに至った軌跡が凄かった。それを見てみよう。

まず、西洋の本流本質は、まぎれもなく「秘密結社」であるとつかんだ。荒唐無稽ではなく、十分人に説得しうると確信できるまで、とことん資料をあさった。古今東西を問わずだ。

一九九〇（平成二）年が、ほぼそのきっかけをつかむ出発点だった。

反ユダヤ、反イルミナティ、反新世界権力（NWO《ニュー・ワールド・オーダー》）系の著作、新聞・雑誌・小冊子・ビラ類、関連文献類、独立小著述《モノグラム》、ビデオなど総計で優に一万点を超えた。当然、その中には戦前大正末から一九四五（昭和二〇）年八月まで発行していた月刊「猶太研究」（国際政経学会機関誌）も含まれる。

すべてが「秘密結社」「陰謀」に関連するものだ。むろん、これらを購入入手するや、片っ端から読破していった。解読、解析、研究、論評を加える。沈思黙考する。日々生起する政治経済軍事社会諸事件を観察調査、もろもろの知識を確かめ、仮説を立て、思考力と直感力を働かせ研ぎすませていく。

右の「秘密結社」「陰謀」資料以外も、日々精力的に読み込んでいた。新聞全国紙・夕刊紙・スポーツ紙、計十数紙。各週刊誌、コミック誌も含む各種月刊旬刊総合誌。論評すべき新刊本、既刊本、入手困難な古書。もうこうなると速読以上である。当人に言わせると、記事を睨《にら》んでいると必要なものが勝手に目に飛び込んでくるそうである。

さて、太田が日々渉猟玩味《しょうりょうがんみ》していた「秘密結社」や「陰謀」に関する詳細斬新な情報を提供する定期刊行物にはどんなものがあったのか。

*「MIA（マッカルバーニー・インテリジェンス・アドバイザー）」：ドナルド・マッカルバーニー主宰

*「アメリカン・フリープレス」（前身「スポットライト」）：愛国派週刊誌

*「スペクトラム」：ニック・マーチン主宰

*「EIR（エグゼクティブ・インテリジェンス・レビュー）」：リンドン・ラルーシュ主宰の月刊誌

*「レビジョニスト・ストーリー（歴史修正論）」：マイケル・ホフマン主宰

＊「コンタクト」：週刊誌。ＵＦＯ情報も多い。
＊「ザ・ラスト・トランペット・ニューズレター」：元オカルトサタニストだったが脱会、無教会キリスト教の伝道者デーヴィッド・メイヤー主宰
＊「パワー・オブ・プロフェシー（予言の力）」：反ＮＷＯキリスト教伝道者テックス・マーズ主宰
＊「スピアヘッド（槍の穂先）」：ＢＮＰ（英国国民党）系月刊誌
＊「ワールド・イン・レビュー」：ジョン・コールマン博士が発行する隔月刊のニューズレター
＊「ミッドナイト・メッセンジャー」：デス・グリフィン主宰
＊「ガンパック・ブリーフ」：ドイツ系アメリカ人全国公共問題委員会短信

――いずれも市販ではなく通販。反大悪魔《サタン》、反金融寡頭権力体制、反シオニスト、反イルミナティ、反ユダヤ、反新世界権力の看板を掲げて果敢に言論活動を続けているので、当局やシオニストの逆鱗に触れ、放火されたり、爆弾で爆破されたり、不当逮捕されたり、工作員《スパイ》に潜入されたり、出版妨害されたりは、一度や二度ならず。日本とは異なり、どんな弾圧脅迫を受けてもめげずに命がけで真実の情報を発信しようという気迫に満ちている。

太田は、「秘密結社」に関する情報取り込みの諸活動を続ける中で現代日本人必読である珠玉の著作物を続々と精力的に発掘、各方面に公刊に向けての働きかけをしては監訳を手がけ、

世に広く紹介した。それについて記す前に、太田龍なる人物に触れておこう。

偉大なる太田龍の軌跡

太田龍。昭和五年樺太生まれ。

心ある日本人が、悪辣非道無体なアメリカ西欧の所業に気づき、その超克に奮起し、蹶起《けっき》することに役立つこと以外、一切無駄なことはしなかった。酒はめったに口にしないが、せいぜいビールコップ一杯。他人に迷惑をかけるだけの喫煙とはまったく無縁。玄米と少々の野菜果物が日常という徹底した素食。頭と体を悪くする麻薬にすぎない白砂糖なんぞは口にしない。一九七九(昭和五十四)年一月からマクロビオティック玄米菜食養を始めるや、直前には体重七十キログラム(身長一六〇センチメートル)を一年後には、四十九キログラムに減量。その後、常時五十五キログラムの適正体重を保った。

一九九〇(平成二)年四月からは、(連日が非常時ゆえ、一億二千万日本人お勧めの)飲尿健康法を採り入れていた。猛毒を注入するしか能のない西洋近代医学からはとうに見放されていた。いな、太田の方から三行半《みくだりはん》、さっさと卒業した。

極めて清貧質素な生活ぶりであった。時間の浪費でしかなく、イルミナティの3S政策であるスポーツ観戦、映画観賞などなし、ゴルフなどという不敬国賊的環境破壊A級戦犯スポーツなど一切せず。博打投機女色放蕩皆無。白痴製造箱と本人が命名するテレビ受像器は家には置かない。伝統的日本の生活を破壊する洗濯機、電気掃除機、冷暖房装置の類は持ち込まない。ひたすら神国日本、ひたすら日本民族のために尽くしたいとの純粋な志で、日々闘っていたのだ。地球全人類の大半を殺戮し「適正な」人員を奴隷化せんとする超秘密結社米英イルミナティ世界権力の策謀に立ち向かった。

ありとあらゆる「秘密結社」「陰謀」に関する情報の検索、収集、その読み込み、読書、私塾主宰、講演、執筆、機関誌発行・発送のための諸雑務と資料の複写製本などほとんど一人で、まさに超人的活躍ぶりであった。

まず、日曜日を含む毎日、インターネットのホームページ『太田龍の時事寸評』に「秘密結社」「陰謀」関連の、毎回目からウロコの落ちる衝撃の時事ニュース、論評を送稿した。

そして毎週、A四判十六頁の「週刊日本新聞」に健筆、激筆、煽筆を揮《ふる》い、約三百名の熱読者宛て、切手を貼り、赤いポストに投げ込む。月一回は、東京都文京区シビックセンターでの私塾「日本義塾」にて、夕方六時から九時までびっしり、五十〜七十名の塾生相手に対イルミナティ戦に備え、知的言霊的武装の研鑽に励み、塾生を鞭撻鼓舞《べんたつこぶ》した。語る言葉にはいつも熱がこもっていた。

太田龍が発掘した、とりわけ四人の巨人研究者

さて、太田が孤軍奮闘、日本人で前人未踏の「秘密結社」の解剖解体をなしたことについて

話す。

太田が秘密結社の神髄、真相を総合的に的確に切開、分析、提示していると評価する四人の巨人研究者がいる。太田の尽力によって、四人とも主著が翻訳、公刊され、日本での講演活動も実現された。ジョン・コールマン博士、フリッツ・スプリングマイヤー、ユースタス・マリンズ、デーヴィッド・アイクである。

*ジョン・コールマン博士

一九三五年イギリス生まれ。元イギリス諜報機関将校。

イギリス王室とその諜報機関が「三百人委員会」を中核とする闇の世界権力の忠実な道具であり、イギリス国民のみならず、全世界人類と諸民族国家の最悪の敵であることを研究するに至り訣別、一九六九年にアメリカに帰化。一九七〇年代より四十年間、真のキリスト教徒の立場から、アメリカの市民として暗黒の勢力との戦いを続け、もっとも頑強なアメリカ憲法擁護、アメリカ憲法遵守《じゅんしゅ》派の著述家の筆頭となっている。

活動としては隔月刊のニューズレター「ワールド・イン・レビュー」を発行。セミナー開催、ラジオ出演、さらには独立小著述《モノグラム》約四百点を発行している。また、大英博物館を五年間調査、研究にあたり、歴史、人文社会科学系の博士号を取得している。

コールマン博士の『三百人委員会――陰謀家たちの権力構造』が某大手出版社から初翻訳さ

れたのは画期的であった。

待ちに待ったコールマン博士の同著が、太田解説で日本でついに刊行された！　英語はさっぱりダメで原著では読めないが、世界の真相真実を熱求する志あるものにとっては感涙ものだった。一九九四（平成六）年四月のことだ。世界を意のままに動かす太い野郎どもが、邪悪な組織が、その手口が、克明に手に取るように初めて日本人の下、白日にさらされたのだ。

日本人庶民が汗かき血も流し、恥かき屈辱に耐え、必死で稼いで手にした預金も郵貯も、土地も建物も、平然とふんだくっていくヤツらはこいつらだったのか。ロックフェラー、ロスチャイルドめ。

「諸国民の富」ならぬ、諸国民を麻薬漬けにして巨利をかき集めている極悪の下手人、張本人、胴元がなんと、あの大英帝国の女王陛下だったなんて、誰が知ろうか？

それどころじゃない、三百人委員会は本気で恐ろしいことを考えているのだ。考えているだけじゃない。着々と冷酷にその準備を国際的機関が連携して遂行中というのだ。

それは、地球人類を二〇二〇年までに一気に半数に、二〇五〇年までに八〇％を削減、いな殺戮しようというのだ。

その手段は何でもありだ。核戦争、内乱、革命、テロ、人為人工的に企図励起させる飢饉・疫病難病（ガン、エイズ、エボラ熱、炭疽菌、黒死病、天然痘など。直近で言やあ、ＳＡＲＳだ肺炎もどき症候群だ）、電磁波操作による精神異常、スカラー波による異常気象などなど。

名付けて「グローバル二〇〇〇計画」。
とんでもないことに、環境保護を謳《うた》う「ローマクラブ」も主要な人類殺戮推進機関となっているという。

そう、今まで単なるニュートラルな機関と考えられていた国際機関、シンクタンク、学術団体研究所、宗教教団、世界企業、金融機関、大学等が、フリーメーソン等各秘密結社や各テロリスト集団、麻薬組織、犯罪組織と仲良く、すべて三百人委員会の執行機関として有機的連関性を保ちながら機能していたし、今もしているとは、なんたることか。

国連に世界銀行もＩＭＦも、ブルータスお前もか。ＣＩＡにＭＩ６にモサド。ＮＡＴＯにインターポール。ヴァチカンに王立国際問題研究所。日米欧三極委員会に外交問題評議会。アメリカ連邦準備銀行制度にＢＥＩＣ。ハドソン研究所にランド・コーポレーション。マサチューセッツ工科大学にスタンフォード研究所。ＡＢＣにＣＮＮ。ワシントン・ポストにニューヨーク・タイムズ。……もうもうもう……きりがないからこのへんでやめる。

それでは、幸か不幸か、生き残ってしまった約十億人はどうなるか。すべて個人財産は剥奪され、貧乏大衆無産奴隷として、世界人間牧場にぶち込まれるのである。そこで、家畜人ヤプーとして、ほんのひと握りの超エリート階級「超人類」の自称「オリンポスの神々」「オリンピアン」のご主人さま女王さまに一生涯ご奉仕つかまつらねばならないのだ。

家族など当然持てない。自分の意志で食事をすることも生殖活動にいそしむこともかなわず。

「世界を見通す《オール・シーイング》」でっかい「眼《アイ》」で一挙手一投足が監視管理されるのだ。

ご主人さま女王さまに気に入られた「裏切り者」の「気の利いた」奴らだけが奴隷頭として徴用されるのが関の山。さっぱりいいこと何ひとつない。

――という、とんでもない衝撃的な事実が同著にはこれでもか、これでもかとてんこ盛りで書かれているのだ。しかもこんな人類殺戮という極悪犯罪の下手人、組織の名前が実名でゾロゾロ出てくるのだ。

まさに画期的である。薄々は感じていたものの、さしたる信条の持ち合わせのない小心者には、ここまであからさまに書いていいのかと心配で震える〝危ない〟内容なのだ。絵空事《えそらごと》の小説《エンタテインメント》やコミックではない。正真正銘のノンフィクション本でだ！

T書店という大手出版社から出た。売れた、どんどん売れた……と祝杯を挙げる前に、四刷ほどで突然、絶版になった。以後、その手の内容の書籍出版は一切まかりならんとなった。

T書店のお家の事情があったからだ。とりたてて「三百人委員会」のどこからかに指示されたり、圧力がかかったというわけでもない。しかし、娯楽商品輸出入口《くちい》れ業務周辺の怪しげな人物のアドバイスに従って、「どこからか」を慮って勝手に自主規制・自己判断の下に絶版にしてしまったのは間違いない。

おりから海外に進出しつつあったT書店の新商品《アニメ映画》が軌道に乗り、注目も浴び、いよいよ本格的に乗り出そうという矢先であった。T書店としては、〝前科〟もあったからよけいに神経質になっていたのであろう。

〝前科〟とは、こうだ。かつて中曽根康弘内閣時代に、宇野正美が書いた『ユダヤが解ると世界が見えてくる』『ユダヤが解ると日本が見えてくる』という、いわゆるユダヤ陰謀史観ものが、大当たりに当たった。その年のベストセラー・トップに躍り出た。当時大蔵省の役人すらもその本をむさぼり読んでいるという見出しが、アメリカはレーガン大統領政権下のニューヨーク・ウォール街の新聞紙面を飾った。アメリカ政府筋が中曽根首相に「いかがなものか」と不快感を表明。

見栄っ張りでエエ格好しいの中曽根首相は、内心冷や冷やだが、「日本も貴国と同様、立派に民主主義国家をやっておりますですから、言論表現の自由はございます」と背筋を伸ばし、胸を張り、意味も言語も明瞭。日本にもこんな時代があったのだ。

しかし、直接的に圧力があろうがなかろうが、どこかを配慮して何かの影に怯《おび》えて自主規制による自己判断によってにしても、絶版は絶版である。どちらにせよ、(三百人委員会によって) 言論表現の自由が圧殺されたのは明白なのだ。

「ウッ」、今ここで、「なあにもそんな大袈裟な、言論表現の自由も何もありゃあせん。そんなヨタ本出すこと自体が、出版社の恥や。品格を疑う。絶版にしたのが賢明だったのだ」という虚耳《そらみみ》が聞こえた。「ふざけるなッ!」と言いたい。真摯に物を考えることもしない。読みもしないで。

だいたい「秘密結社」「ユダヤ陰謀」「謀略」と目にし、耳にしただけで、あからさまに糞を踏んづけたように顔をしかめ、嫌悪し、その手の本を読み、その類のタームを舌に乗せる人を馬鹿にし嘲笑する人間よ、あなたこそ馬鹿である。真理から遠ざかる人である。

アメリカ仕込みの戦後民主主義教育や、ソ連中共北朝鮮のマルクス主義唯物史観のご丁寧な洗脳（マインド・コントロール）を施されて、脳の思考回路や繊細な感受能力をとことん毀《こわ》されたままの哀れな人物なのだ。幸せに背を向ける人だ。昨日に向かって走る人だ。バ～カ。

と、言いたい。と言っても、せっかくいい感性、素直な情感を持っていても、荒淫暴飲暴色でつい頭を壊してしまった人の場合は、若干控除されてもいい。同病相憐れむだ。ご同慶の至りだ。というわけで、コールマン博士の『三百人委員会』の中味の水準の高さは、よくある、食いつめたゴーストライターが有名人（それほどでもないが）の名を籍《か》りて、パクリだけで適当にでっち上げたゴミ情報集積の下品な陰謀本とはまったく異なっている。ま、そんなこと言わずもがなだが。

さぁ～てと、日本で今まで発刊されたことのない、懇切丁寧な高級情報を復刻する志のある版元が、T書店での絶版後、すぐ現われた。KKベストセラーズである。捨てる神あれば拾う神あり。八百万《やおよろず》のニッポンの神々に祝福あれ。『三百人委員会』が『300人委員会』と漢数字から算用数字に表記だけは変わったものの、見事に甦ったのである。

その担当者兼編集長が円満に退社し、成甲書房の社長に就任するや、幸いなことに、この成甲書房から人類のために出色の情報を発信し続けるコールマン博士の新刊本が続々刊行されることになったのである。しかも、堂々と太田龍監訳、太田龍解説付きであった。

このようにして、残念ながら、「志のある」出版社か、よほど零細の版元以外では、太田龍の名前は〝危なくて〟出せない禁秘名《タブー・ネーム》となってしまった。もはや、『三百人委員会』で抉り暴き出した秘密結社の謀略は、荒唐無稽な絵空事どころではなくなったのである。

かつて太田の渾身の名著『ユダヤの日本侵略450年の秘密』などを意欲的に出しまくっていたN社も、今や見る影もない。太田の「太」の字が出ただけで嫌悪され、企画案はことごとくボツという。なにせ「太田龍」と「ユダヤ」の字が広告紙面に併存するだけで、ほとんどの大手新聞社は広告掲載拒否になる。

秘密結社「三百人委員会」の下部も下部、ず～っと格下のユダヤ名誉毀損防止連盟（ADL）が、文藝春秋の月刊誌「マルコポーロ」の記事（アウシュヴィッツで毒ガスを使いユダヤ人を大量殺戮したのはウソッパチと主張する文章）にイチャモンをつけ、廃刊に追いこむという暴挙に及んだ事件があった。それ以来、ますます規制がきつくなってきた。ユダヤ・イルミナティ世界権力にとっては、民主主義も出版・言論・表現の自由もへったくれもないということなのだ、当然ながら。

日本人にとって、日本および日本人がなんとか生き延びる上で役立つ触発情報や知恵がコールマン博士の叙述にはぎっしり詰まっている。

＊フリッツ・スプリングマイヤー

一九五五年、アメリカ・カンザス州生まれ。父はアメリカ政府の官吏。ウエストポイントの陸軍士官学校中退。「エホバの証人（ものみの塔）」が反キリスト、悪魔主義実践の組織であると知り、脱会。一九八〇年頃より、一キリスト教徒としてエホバの証人その他の悪魔主義の調査研究を開始。

処女著作『ものみの塔とフリーメイソン』（一九九〇年）。創立者ラッセルが、実はフリーメイソンと直結していること、その教義もフリーメイソンと酷似していることを論証。第二作は『蛇の如く聡くあれ』。イルミナティ十三血流の存在を断片的に暴露。

四年後の一九九五年、『イルミナティ悪魔の十三血流』（ＫＫベストセラーズ）を著作。日本で翻訳刊行するや、アメリカでも反響を呼び、公刊の運びとなり、順調に版を重ねている。

本書でスプリングマイヤーは、イルミナティとは、①この世をひそかに支配しているもっとも強力な集団であり、②悪魔主義者であり、③しかも、その血筋の流れは代々何千年も続いている、④悪魔のエリート、と定義している。

ちなみに、その邪悪な十三血流は以下のとんでもない名家たちである。

＊アヘンなどの麻薬で巨富をつかんだ「アスター家」

＊マンハッタン計画にキーマンを送り込んだ「バンディ家」

＊ロスチャイルド家以上に魔力を秘めている「コリンズ家」
＊GMをはじめ軍産複合体を傘下に持つ「デュポン家」
＊闇の系譜を操るシオン修道院の「フリーマン家」
＊悪魔の呪われた血流「ケネディ家」
＊世界最強の犯罪同盟「三合会」を従える「李家」
＊海運王やケネディ未亡人で知られる「オナシス家」
＊世界の悪魔主義石油王「ロックフェラー家」
＊世界の富の半分を独占するユダヤの王「ロスチャイルド家」
＊シオニストにしてオカルト悪魔崇拝教団とつながる「ラッセル家」
＊十三血流中もっとも不思議な風貌を見せる「ファン・ダイン家」
＊ヨーロッパ文明最深部に跳梁する第十三番目の聖なる「ダビデの血流」

現在、スプリングマイヤーは、イルミナティの策謀によるまったくでっち上げの銀行強盗、麻薬所持の罪でオレゴン州の刑務所に収監されている。

なんと、最初についた弁護士が、ポートランドで有名なフリーメイソンとのことで、家族との接見はおろか、裁判記録すら見せず、勝手に不利な司法取引に応ずる動きを見せるなど、人類の解放正義の闘士をいたぶり弄《もてあそ》んでいるという。アメリカとはそういう国なのだ。

［編者解説］守屋 汎

＊ユースタス・マリンズ

一九二二年、メイフラワー号でアメリカに渡ったヴァージニア州の名門の家に生まれる。ワシントン＆リー大学、ニューヨーク大学、オハイオ大学、ノースダコタ大学、メキシコ美術学校、ワシントンDCの現代美術研究所に学ぶ。

評論家、美術家、編集者。

第二次世界大戦中、米軍の軍人として三十八カ月間軍務に。故ジョセフ・マッカーシー議員が共産主義と闘っていた期間、立法調査員として協力、議会図書館の職員を務める。

著名な詩人エズラ・パウンドの釈放運動を推進、第二次世界大戦後のドイツで最初に焚書《ふんしょ》されるという反新世界秩序の闘士としての栄誉を受けている。二〇一〇年三月逝去。

イラク戦争でなく湾岸戦争を起こしたアメリカ大統領、父ブッシュは、当時、どういうつもりか、さかんに「ザ・ニュー・ワールド・オーダー」を連発していた。例の一ドル紙幣。ピラミッドのてっぺんの無気味な一つ目《オール・シーイング・アイ》とセットでラテン語（ヌーヴォ・オルド）で刻印されているのが新世界秩序《ニュー・ワールド・オーダー》なのだ。おかげで、マリンズの本『世界秩序』（邦訳は『世界権力構造の秘密』成甲書房）は、急に売れ行きを伸ばしたそうだ。

しかし、マリンズは『世界秩序』を『新世界秩序』に改定はしなかった。なぜなら、闇の中の支配構造を探索していくと、その実態は最大六〇〇〇年は遡ることができることを発見したのだ。それが「カナンの呪い」、つまり憎悪をたぎらせ、検閲と監視を駆使して他民族に寄生、攻撃、掠奪するユダヤの犯罪シンジケートの権力構造なのだ。

＊デーヴィッド・アイク

一九五二年、イギリスのレイチェスターに生まれる。七〇年代前後の数年をプロサッカー選手として過ごす。その後キャスターとしてテレビの世界でも有名人になる。その後、エコロジー運動に強い関心を持ち、一九八九年に英国みどりの党に入党。その全国スポークスマンに任命される。また一方で、精神的、霊的な世界にも目覚めていく。

九〇年代初頭、女性霊媒師ペティー・シャインと邂逅。彼女との出会いにより、後の彼の生涯を決定づける「精神の覚醒」を体験する。真実を求め続ける彼の精神は、やがて自らが扉を叩いたエコロジー運動の背後に潜む国際金融寡頭権力の存在を発見した。さらに、この国際金融寡頭権力が世界の人々を操作、支配している事実に直面する。

膨大な量の情報収集と精緻な調査・研究により、近年のデーヴィッド・アイクは世界の極秘中の極秘「大いなる秘密」にたどり着く。その「大いなる秘密」とは、国際金融寡頭権力の背後に蠢《うごめ》く「爬虫類人・爬虫類型宇宙人」の存在と、彼らの「超長期的地球人類奴隷化計画（アジエンダ）」のことだった。今、デーヴィッド・アイクは、世界の真理を希求する人々に、自らの身の危険を冒して「この世の真相」を訴え続けている。

本書『発狂中国』制作の今、太田龍存命であればより深い考察がなされたであろうと思うと悔やまれてならない。しかし、人類文明史全般に絡めて真正面から国家権力としての「食人」を捉えて筆誅を加えた本書は、今日だからこそ。残された者に贈られた燦然と輝く貴重な知的霊的武器になり得ている。

このように太田龍は、欧米の（といってもアメリカが圧倒的に多い）信頼がおけると定評のある、しかもはっきりと反新世界秩序の側に立った、まっとうな研究者、学者、ジャーナリスト、運動家の「秘密結社」「陰謀」の実態報告、分析、理論などなどを、はなはだ困難な状況の中でも積極的に紹介してきた。

その上で、その間、太田は輸入情報をそのまま丸呑み、丸投げするのではなく、それらを素材にして、太田独自の純正日本の世界観（縄文天皇史観、家畜制度全廃論、動物実験全廃論、天寿学体系）にのっとって批判、検討を施し、その時点では日本で到達しうる限りの最高の「秘密結社」「陰謀」論を構築し、それを世間に問うてきた。

これこそが、太田龍の面目躍如たるもので、9・11同時多発テロ以降、世界情勢分析に、金融寡頭権力なり闇の世界政府なり、ユダヤ・イルミナティの陰謀を言い立てる論者も激増してきたが、陰謀情報の蓄積、知的基礎体力、深く鋭い分析力はさることながら、霊性の高さにおいて太田龍は圧倒的に群を抜いている。ちなみに二〇〇一年、9・11事件が起きるや誰よりも早く、二カ月後の十一月に太田龍編著で『米国同時多発テロの「謀略史観」解析──真犯人は国際イルミナティ三百人委員会だ！』（三交社）を上梓しているのだ。

太田龍の立脚点は、本書『発狂中国』で再三、力説しているように、「人間（さえよければ）次元」にとどまらないことである。人間次元のみで、さまざまな困難混乱を解決しようとしても結局それは、人類自滅に直行だと明快に論じていることだ。こんなことは、世の論者数多あれど誰も言っていない。今こそ『家畜制度全廃論序説』（新泉社、一九八五年）と『天寿学序説』（泰流社、一九九四年）が必読なのだ。「天寿学」とは、「この宇宙の万物万象が天寿を全うするための学術」と太田自身が定義している。「天寿」とは、「天に与えていただいた寿命」のことで、寿命のままに素直に生き、寿命が尽きたら自らを、天にお返しする。間違っても「生きる権利がある」と主張したり、人工的な延命治療は、はしたないことなのだ。どころか天寿への反逆である。

「神仏に反逆するユダヤ悪魔教世界帝国の天人共に許さざる野望」のままに自滅に向かう生き方が、現代文明の主流「人類独尊」。これを捨てて、「万類共尊」に切り換えよと太田龍は熱く説く。

さらにそれだけではいけない。「万類共貧」だと。「貧」とは、天地の公理、天の大道という。なぜなら、貝（食糧、財）を分け合えば、共に貧しくなる。自分だけ「貝」を貪《むさぼ》る、独り占めにするのと違い、「貧」は（品性、品格において）「貴」になる、と。そのうえで「万類共苦」

を挙げる。

「犬や猫など、哺乳動物の母親たちは、子どもを産むと、その大小便を舌で舐めてやります。ウンコやおしっこを、舐めてやることは、決して母犬、母猫にとっても気持のよいものではないでしょう。けれども、哺乳動物の母たちは、一億年近く、このようにして、次の世代を育てて来ました。彼らは『苦』を受け入れて来たのです。この慈悲の育児の行為が、哺乳動物の家族を進化させてきた、と私は見ています」

人は「共存」「共尊」と、「共貧」「共苦」を経て、より高い、次の段階、すなわち、菩薩行によって「仏」になれ、と。「仏」とは「彿」で、「人に非ず」なのだ。かくしてひとは天寿の、真意、その深い、隠された境地に至る。

霊知情意のバランスが取れたより高い次元の「人に非ず」の縄文日本人になることによってしか、地球最後の「発狂世界帝国」中国を止揚し、宇宙大地万類万象を救う法はないと的確に提言しているのが本書『発狂中国』なのである。

「辺境最深部に向って退却せよ」

◉著者について

太田 龍（おおた りゅう）

昭和5（1930）年、樺太生まれ。東京理科大中退。独学でマルクス、ヘーゲル、アダム・スミス、ギリシャ哲学、さらには漢方医学、万葉集などを学び、昭和20（1945）年10月、青年共産同盟に加盟、昭和22年、日本共産党入党。昭和27年4月、「ソ連スターリニスト共産党官僚権力は人類と労働者人民の敵と化した」との結論に達して日本共産党を脱党。その打倒を公然と呼びかけ、第4インターナショナル日本支部結成のために活動する。昭和42（1967）年、「マルクス共産主義は資本主義と同根同罪の西洋近代主義の一味」との結論に達し、マルクス主義と絶縁して第4インター離党、「辺境最深部に向って退却せよ」を提唱（昭和46、47年）。その後はエコロジー運動へ、さらに食の革命（たべもの学）、家畜制度全廃（昭和60年）を土台とする日本原住民史、世界原住民史、天寿学体系構築に着手する（昭和60年、61年、62年以降）。また、日本で初めて動物実験全面廃止運動を開始する（昭和60年）。天寿学文明建設の一環として、家畜制度全廃の立場から、ユダヤ・フリーメイソンを中心とした闇の巨大勢力による、全人類を世界人間牧場に収監しようとする新世界秩序（ニュー・ワールド・オーダー）構想の危険性を看破して警鐘の乱打をつづける。同時に、天寿学会、文明批評学会、歴史修正研究所、週刊日本新聞、日本義塾を主宰する。また、平成4年（1992年）以降、海外の文献を渉猟し、ジョン・コールマン博士、ユースタス・マリンズ、F・スプリングマイヤー、デーヴィッド・アイク、ヘンリー・メイコウらの著作を監訳するなど、貴重文献の紹介にも精力的であった。2009（平成21年）5月19日逝去。

「週刊日本新聞」ホームページ
http://www.ohtaryu.jp

◉編者について

守屋 汎（もりや ひろし）

1944年生まれ。慶應義塾大学卒。深淵なる太田龍思想が世の中に浸透することを希求する出版プロデューサー。

宇宙一《うちゅういち》危険《きけん》な発狂中国《はっきょうちゅうごく》

この巨大怪獣《きょだいかいじゅう》を肥育《ひいく》してきたのは誰《だれ》だ！

◉著者
太田《おおた》 龍《りゅう》

◉編者
守屋《もりや》 汎《ひろし》

◉発行日
初版第1刷　2010年7月20日

◉発行者
田中亮介

◉発行所
株式会社 成甲書房

郵便番号101-0051
東京都千代田区神田神保町1-42
振替00160-9-85784
電話 03(3295)1687
E-MAIL mail@seikoshobo.co.jp
URL http://www.seikoshobo.co.jp

◉印刷・製本
株式会社 シナノ

Printed in Japan, 2010
ISBN978-4-88086-263-7